Lorenz Winter · Shakimha

© 2004 Lorenz Winter
Satz und Layout: Buch&media GmbH, München
Umschlaggestaltung: Kay Fretwurst, Spreeau
Herstellung und Verlag: Books on Demand GmbH, Norderstedt
Printed in Germany
ISBN 3-8334-0558-9

Lorenz Winter

Shakimha

DANKSAGUNGEN

Zuerst geht all mein Dank an Gott.

Ich bedanke mich auch bei allen Menschen, die mir bei der Fertigstellung und Veröffentlichung dieses Buches geholfen haben.

Inhalt

Die Nachricht von der Gegenwart des Herrn in menschlicher Form

Ein 15-jähriger Junge namens Jonas fand einen Zettel. Dieser Zettel hatte sich in einem Dornenbusch verfangen und Jonas befreite ihn aus dem Busch, um ihn zu lesen. Vorsichtig nahm er den Zettel hoch und begann ihn zu lesen.

»Wer immer du auch sein magst, freue dich, dass du jetzt diese Worte lesen kannst. Da die Welt in großen Schwierigkeiten ist, hat der Herr beschlossen in menschlicher Form auf die Erde zu kommen.

Ich werde euch führen und leiten und allen Schwachen, Armen und Unterdrückten helfen.

Ich werde die Liebe in euren Herzen entfachen, so dass sie auflodert wie ein großes Feuer.

Ich werde dafür sorgen, dass jedes Lebewesen auf dieser Welt seinen Platz findet, an dem es ein glückliches und zufriedenes Leben führen kann.

Ich habe mir dieses vorgenommen, und was der Herr sich vornimmt, das wird auch unweigerlich geschehen.

Für mich ist nichts zu schwer und ich sage: Ich werde meine Mission erfüllen und das Ziel erreichen, alle Menschen glücklich zu machen.

Kommt zu mir und erfahrt meine Herrlichkeit, jeder kann mich besuchen und meine Liebe erhalten.

Habt Mut und besucht euren Vater, der euch liebt und der alles tun wird, damit ihr glücklich seid.«

Jonas war sehr überrascht, als er diese Worte las. Aber auf irgendeine Art und Weise berührten ihn diese Worte. Irgendwie ging etwas tief in seinem Inneren vor, welches er noch nie erlebt hatte. Eigentlich hatte er doch nur einen Zettel gelesen, aber irgendwie hatten ihn diese Worte sehr berührt.

Der Herr sollte also in menschlicher Form auf der Erde weilen? Dies konnte er sich nicht so richtig vorstellen, aber dennoch war ihm der Gedanke nicht fremd.

Als kleines Kind fragte er oft seine Eltern, wo Gott sich denn aufhalte. Er müsse doch irgendwo leben, irgendwo erreichbar sein? Die Erde sei doch so groß, da müsse er doch irgendwo leben?

Aber die Eltern sagten ihm stets, dass er nirgendwo in menschlicher Form zu finden sei.

Es sei nur bekannt, dass er vor über 2000 Jahren einmal seinen Sohn geschickt haben soll, der sei aber von den Menschen gekreuzigt worden.

»Wie kann es sein, dass die Menschen jemanden umbringen, obwohl sie wissen, dass er Gottes Sohn ist?«, hatte er damals seine Eltern gefragt.

»Sie haben es ihm wohl nicht geglaubt«, hatte darauf seine Mutter geantwortet.

Immer dachte er sich, auf dieser Welt müsste mal jemand die Menschen zu Recht und Ordnung erziehen.

Gott müsste kommen und allen befehlen und die bösen Menschen ihrer gerechten Strafe zuführen. Wie herrlich wäre es doch, wenn Gott als Mensch auf diese Welt käme, um die Menschen auf den richtigen Weg zu führen. Er würde sich bestimmt nicht kreuzigen lassen, das hatte er sich gewünscht.

Dann wäre man nicht mehr darauf angewiesen, sich das Predigen von verschiedenen Priestern anzuhören, die selbst nicht so leben, wie sie es in ihrer Predigt von den anderen Menschen erwarten. Wenn Gott hier wäre, dachte sich Jonas, »dann wüsste man, wie man leben sollte, und niemand würde einen so schnell betrügen können.

Immer wieder betete Jonas zu Gott. Er hoffte immer, dass er kommen würde.

Und er kam. So stand es jedenfalls auf dem Zettel. Nun wollte Jonas herausfinden, ob Gott wirklich in menschlicher Form auf die Erde gekommen war oder nicht.

Dazu musste er erst einmal herausfinden, wie dieser besondere Mensch hieß und wo er lebte. Jonas dachte sich, dass er es schon irgendwie herausfinden würde.

Einige Minuten später, nachdem er den Zettel sorgfältig studiert hatte, kam ein Mann in seine Richtung. Der Mann sprach zu ihm: »Hallo, mein Freund, wie ich sehe, hast du meinen Zettel gefunden. Ich bin auf der Suche nach ihm, seit ich gestern bemerkt habe, dass ich ihn verloren habe. Wie gefällt dir denn der Inhalt des Zettels? Hast du ihn gelesen?«

Jonas war etwas überrascht, nicht nur, weil ihn der Mann wegen des Zettels ansprach, sondern auch, weil der Mann so sehr strahlte.

Von dem Zettel ging eine eigenartig angenehme Ausstrahlung aus, die Jonas auch an dem Mann bemerkte.

Jonas antwortete ruhig: »Ich habe deinen Zettel mit großer Aufmerksamkeit gelesen und ich bin sehr daran interessiert mehr über den Menschen zu erfahren, der Gott in menschlicher Form sein soll.«

Der andere Mann war sehr erfreut über diese Aussage und begann sogleich mit seiner Erzählung.

»Ich heiße Rakram, ich bin 29 Jahre alt und ich habe den Menschen, der Gott in menschlicher Form sein soll, vor vier Wochen besucht. Sein Name ist Shakimha. Er wohnt in einem kleinen Dorf in Afrika. Dieses Dorf nennt sich Puttapartong. Jeder hat die Möglichkeit ihn dort zu besuchen, sofern er sich die Reise dorthin leisten kann.

Ich kann kaum sagen, was ich da erlebt habe, ich kann es nicht beschreiben, aber ich weiß, ich habe mich an keinem Ort der Welt jemals so wohl gefühlt wie dort an jenem Ort. Es geht von diesem Ort eine Kraft und eine Geborgenheit aus, die ich nirgendwo sonst so stark gespürt habe.

Man scheint dort in einen Ball von Liebe gehüllt zu werden. Diese Liebe kann einen dazu bringen, Freudentränen zu weinen, oder sie kann einen so stark erschüttern, dass man seine Fassung verliert.«

Jonas war sehr berührt durch diese Erzählung und er fragte gleich: »Wie bist du zu diesem Ort gekommen? Wie ist es, Shakimha zu sehen?«

»Ich bin dorthin gekommen, weil ich mich nach der Liebe Gottes sehnte«, antwortete Rakram. »Jemand sagte mir, dort wäre Gott in menschlicher Gestalt, also habe ich mich gleich auf den Weg gemacht, um ihn zu sehen. Es war unbeschreiblich. Ich höre immer noch seine Worte in meinem Herzen, die er zu unserer Begrüßung sprach.

Hallo, ihr lieben menschlichen Wesen, die ihr den Weg zu mir gefunden habt. Ich liebe euch.

Diese Welt besteht zurzeit aus Chaos und sehr viel Leid und ich kann das nicht länger zulassen.

Die lieben Menschen brauchen Hilfe, um gegen das Böse anzukommen, und die Bösen müssen auf den Weg des Guten zurückgeführt werden.

Ich habe diese Welt erschaffen, ich bin der Schöpfer der gesamten Welt.

Aber anstatt mich zu verehren, wird in meinem Namen sehr viel Böses getan.

Ich möchte, dass jeder Mensch sein Leben in Liebe, Wahrheit, Friede, Rechtschaffenheit und Gewaltlosigkeit führt. Wie können die Wissenschaftler behaupten, ich würde nicht existieren?

Ich bin der Grund, weswegen überhaupt irgendetwas existiert. Meine Liebe ist der Grund, weswegen ein Mensch überhaupt leben kann.

Aber das wollen die Wissenschaftler nicht sehen.

Welch Frevel, meine Liebe anzunehmen und das von mir geschenkte Leben dazu zu verwenden, mich zu verleugnen. Außerdem werden auch noch die gläubigen Menschen ausgelacht.

Die Wissenschaftler belächeln sie und einige behaupten sogar, die Menschen hätten sich ihr Gottesbild selbst ausgedacht, um sich im Leben ein bisschen Mut zu verschaffen. Was sind das für Missstände?

Die Jugendlichen haben keine deutliche Ausrichtung auf Gott und die reichen westlichen Länder leben auf Kosten der armen Länder.

Ich habe euch Menschen diese Welt geschenkt und ihr habt Chaos aus ihr gemacht.

Ich habe jetzt beschlossen, dass ich dieses Chaos nicht mehr länger mit ansehen möchte.

Täglich erreichen mich tausende Gebete von leidenden Menschen. Sie alle bitten um Hilfe. Also bin ich gekommen, um zu helfen.

Und ich werde mich nicht aufhalten lassen, auch nicht von falschen Gläubigen, die behaupten, in irgendeiner Schrift würde stehen, Gott würde nur einmal auf die Welt kommen oder aber gar nicht.

Jesus wurde gekreuzigt, ich lasse mich nicht von euch verscheuchen.

Ihr habt meinen Sohn gekreuzigt und nicht auf ihn gehört, deswegen kommt nun der Vater selbst auf die Erde.

Möget ihr jetzt über mich spotten, aber wenn die Stunde schlägt, zu der ich mich der ganzen Welt zeige, dann wird es euer Herz zerreißen, wenn ihr merkt, dass ihr den Herrn persönlich verleugnet habt. Aber dann werden die Leute, die schon länger zu mir halten, doppelt und dreifach belohnt und ihr werdet es sehr viel schwerer haben, ihr, die ihr mich verleugnet habt.

Auch ihr habt die Chance auf meine Gnade, aber sie ist nicht leicht zu erringen und schon gar nicht durch die Wissenschaft.

Ihr lieben Menschen, die ihr hierher gekommen seid, ich liebe euch alle und ihr erhaltet alle meine Gnade.

Seht mich und erfahrt meine Liebe, spürt diese Liebe und seid glücklich.

Gebt diese Liebe an eure Mitmenschen weiter, helft ihnen glücklich zu sein.

Denkt immer daran, wo ihr auch seid, ich bin bei euch, und wann immer ihr nach mir ruft, werde ich da sein und euch helfen.

Das ist meine Aufgabe. Und gerne erfülle ich sie, mit all mei-

*ner Liebe. Denn für mich gibt es keine Anstrengung. Meine Kraft
ist unendlich und ich werde jedem Lebewesen auf dieser Welt
helfen, glücklich zu werden.*

Denkt an meine Worte und seid glücklich.

Das waren seine Worte. Und mir haben sie sehr gefallen.«

Rakram erklärte Jonas dann den Weg nach Puttapartong
und Jonas machte sich auf, um diesen Ort zu besuchen.

Die Reise und die Ankunft

Jonas buchte einen Flug und flog los nach Afrika. Seine Eltern erlaubten es ihm, dort allein hinzufliegen. Als er dort
nach einem langen Flug ankam, war er zwar sehr erschöpft,
aber dennoch sehr aufgeregt. Er stieg in ein Taxi und ließ sich
zu dem Ort bringen, an dem sich Shakimha aufhalten sollte.
Shakimha hatte dort einen Platz, an dem er sich fast das ganze
Jahr über aufhielt. Nur manchmal wechselte er seinen Aufenthaltsort in eine etwas kühlere Region. Dort gab es ein Stück
Land, welches von großen Mauern eingezäunt war.

In diesem Gebiet befanden sich Wohnräume zur Aufnahme
der Reisenden und auch ein Tempel. Vor diesem Tempel war
ein großer Steinplatz, auf dem sich alle Menschen niederließen, um Shakimha zu sehen.

Die Frauen saßen auf der rechten Seite und die Männer auf
der linken. Das war deshalb so, damit sich die Frauen nicht belästigt fühlten von Männern, die ganz eng in ihrer Nähe saßen.
Denn dort waren immer viele Leute und die saßen alle äußerst
eng beieinander.

Zweimal am Tag, morgens und mittags, ging Shakimha
über den Platz auf einem Weg durch die Reihen der Menschen.
Mehrere Aufpasser saßen am Rande dieses Weges, um darauf

zu achten, dass sich alle ruhig und artig verhielten und niemand aufstand, um auf Shakimha loszulaufen. Nicht, dass es ihn beängstigt hätte, aber die Menschen mussten sich an bestimmte Regeln halten, sonst würde dort Chaos herrschen.

Shakimha geht durch die Reihen

Jonas war spät am Nachmittag in Puttapartong angekommen. Also konnte er Shakimha an diesem Tag nicht mehr zu Gesicht bekommen, aber er freute sich auf den nächsten Tag. Etwas bemerkte er ganz deutlich, irgendein Gefühl ganz tief in seinem Herzen begann sich dort zu regen. Es war etwas, was er noch nie zuvor gespürt hatte. Etwas sehr Tiefes, sehr Ruhiges und trotzdem Eigenartiges. Dieses Gefühl hatte er gespürt, sobald er durch die Eingangspforte in den mit der Mauer umzäunten Bereich gelangt war. Die Mauern schienen ihm nicht nur wie normale Mauern, sondern sie schienen ihm wie eine Art Schutzmauern. Ein Schutz gegen die gesamte Welt und gegen alles Böse und Verbrecherische, welches irgendwo existierte.

Das Herrliche war, dass dieses Böse nicht über die Mauern hinwegkam. Nein, es musste draußen bleiben. Hier kam es nicht hinein. Und die Sorgen und die Ängste auch nicht. Hier fühlte er sich sicher und geborgen. Wie in den Armen seiner Mutter, als er noch ein kleines Kind war. Aber hier fühlte er sich noch sicherer.

Er wusste, dass diese Sicherheit von Shakimha ausgehen musste. Er spürte deutlich, dass sich in seiner Nähe eine Kraft aufhielt, von so großer Kraft und Stärke, dass er es sich niemals hätte vorstellen können.

»Oh Mensch, der du den Weg zu mir gefunden hast, hier bist du sicher.

Hier bist du in den Armen Gottes.
Was auch immer dich bedrücken mag, lass es los.
Was auch immer dich sorgen mag, lass es los.
Ich bin bei dir.
Ich bin der Freund, der dich immer begleiten wird.
Egal, was ist, egal, was war und egal, was sein wird, meine Liebe
wird dich immer einhüllen, dein ganzes Leben lang.«

Dieses stand auf einem Schild geschrieben, welches direkt neben dem großen Steinplatz stand, auf dem Shakimha umherlief, wenn er durch die Reihen ging.

»Spürst du den Ruf deines Herzens?
Spürst du, dass sich in der Tiefe deines Herzens etwas regt?
Weißt du, was das ist?
Es ist deine Liebe.
Gott hat dich auf die Welt geschickt, von ihm kommst du.
Jetzt bist du wieder bei ihm.
Dein Herz erkennt seine Gegenwart, es fühlt, dass der Herr in
der Nähe ist.
Es freut sich und es ist glücklich, dass der Vater in der Nähe ist.
Und es sehnt sich nach seiner Liebe.
Hörst du es?
Hörst du es?«

Diese Worte las er auf einem anderen Schild. Doch diese beiden Schilder waren die einzigen, welche er finden konnte. Er war tief berührt durch diese Worte. Er merkte, dass sein Herz sich nach der Nähe des Herrn sehnte. Er freute sich, wie er es noch nie erlebt hatte. Natürlich konnte er nicht genau wissen, ob es nun wirklich der Herr war, der sich hier aufhielt, oder nicht. Aber sein Herz war fest davon überzeugt und so vertraute er seinem Herzen.

Kurze Zeit später legte er sich in ein kleines Bett und schlief ein.

Früh erwachte er am nächsten Morgen, denn Shakimha ging schon um 6.45 Uhr durch die Reihen. Und da musste man früh aufstehen, um möglichst weit vorne sitzen zu können. Er ging nämlich nicht kreuz und quer über den Platz, sondern einen geraden Weg, vorne über den Platz.

Es war so, dass sich alle Männer in lange Reihen setzen mussten. Der erste jeder Reihe zog dann eine Nummer. Die Nummern gingen hoch von eins bis fünfzehn. Die Reihe, welche die Nummer eins gezogen hatte, konnte als erste auf den Platz gehen und sich ganz nach vorne setzen. Die zweite Reihe dann als zweites und so ging es dann weiter.

Jonas kam in die achte Reihe. Er war damit ganz zufrieden, denn so weit war er nicht entfernt von dem Weg, an dem Shakimha später langgehen würde.

So verging dann einige Zeit und alle hatten sich hingesetzt und plötzlich ertönte eine Musik. Alle Menschen waren still. Alle schauten nur in die eine Richtung, aus der Shakimha jedes Mal kam, wenn er über den Platz ging. Jede Sekunde stieg die Spannung und Jonas dachte sich, was er wohl fühlen würde, wenn er Shakimha zum ersten Mal sehen würde. Das Einzige, was er wahrnahm, war eine ihn tief berührende Musik und eine unglaublich starke Spannung aller Menschen, die dort saßen, um Shakimha zu sehen.

Plötzlich erschien er dann. Er war am Eingang des Platzes zu sehen und ging langsam einen Weg entlang, der von einem Tempel außerhalb auf den Platz führte. Er war ein kleiner Mann mit einer Krone von dunklen, schwarzen Haaren, die von seinem Kopf aus in alle Richtungen standen. Er trug einen hell leuchtenden orangefarbenen Umhang, der sehr stark auffiel. Er war von kleiner Gestalt und bewegte sich sanft und leicht wie ein Kind, obwohl er schon 76 Jahre alt war.

Langsam schritt er den Weg entlang. Langsam und gemächlich. Jonas war überrascht, denn seine Gefühle waren sehr eigenartig. Zuerst hatte er angenommen, er würde Furcht verspüren, dann hatte er gedacht, irgendetwas ganz Emotionales würde in ihm vorgehen, aber seine Gefühle waren anders, als er es sich vorgestellt hatte. Ganz anders.

»Wenn du mich siehst, dann spürst du die größte Sehnsucht, die du jemals verspürt hast. Sehnsucht nach meiner unendlichen Liebe, nach meiner dein Herz umschließenden Wärme, die bis in die tiefsten Tiefen deines Herzens vordringt.

Du fühlst dich geborgen, weil du erkennst, wen du da gerade siehst.

Und du bist erschüttert, denn niemals zuvor hättest du dir vorstellen können, dass auf dieser Welt eine Liebe existiert, die dich so tief berühren kann wie die meine.«

Genauso fühlte er sich. Er sah Shakimha dort entlanglaufen, ruhig und gelassen. Diese Ruhe trieb ihm die Tränen in die Augen.

Shakimha lief und hob die Hand, um die Menschen zu segnen. Alle starrten in seine Richtung. Und Shakimha ging weiter.

Er sammelte Briefe der Menschen aus den ersten Reihen ein – Briefe, in denen sie ihm ihre Sorgen schrieben, in der Hoffnung, er würde sie lösen. Er brauchte diese Briefe nicht zu lesen, denn er kannte ihren Inhalt.

Keine Wörter könnten beschreiben, was ich fühle, während der Herr hier an mir vorübergeht, dachte sich Jonas. Er zweifelte nun keine Sekunde mehr daran, dass der Herr tatsächlich in menschlicher Form auf die Erde gekommen war.

Jeder Mensch hat tief in seinem Inneren die Sehnsucht nach dem totalen Schutz, nach dem Wesen, das alle Sorgen annehmen kann und das sie auch lösen kann. Nach dem Menschen, der einem endlich das Mitgefühl und die Aufmerksamkeit geben kann, die sich jeder wünscht.

Diesen Schutz hatte Jonas gefunden. Das erste Mal in seinem Leben fühlte er sich sicher und geborgen. So, wie noch niemals in seinem Leben zuvor.

16

Die Einladung zum Gespräch

Nachdem Shakimha seinen Rundgang beendet hatte, verließen die Leute den Platz.

Jonas verließ ihn ebenfalls und setzte sich auf eine Steinbank in der Nähe des Platzes. Nachdem er dort einige Zeit gesessen hatte, kamen zwei der Wächter Shakimhas auf ihn zu. Er wunderte sich, denn er konnte sich überhaupt nicht denken, was diese von ihm wollen könnten.

Langsam näherten sie sich ihm und er saß mit gespannter Erwartung auf der Steinbank.

»Shakimha wünscht mit dir zu sprechen«, sprach ihn einer der Wächter an.

»Warum denn mit mir?«, fragte Jonas.

»Weil er es wünscht«, sprach der andere Wächter und deutete ihm mitzukommen.

Also stand Jonas auf und ging hinter den beiden Wächtern her. Er war sehr nervös und sehr ängstlich.

Warum will er ausgerechnet mich sehen? Was möchte er von mir? Hoffentlich mache ich in seiner Gegenwart nichts falsch, dachte er sich.

Die Wächter gingen vor ihm auf einen Tempel zu, er folgte ihnen mit einigen Metern Abstand. Vor dem Tempel waren wiederum Wächter postiert, die diese kleine Gruppe passieren ließen. Einer der Wächter öffnete dann vorsichtig die Tür des Tempels und bat Jonas, er möge bitte so lange geradeaus gehen, bis er zu einer goldenen Tür gelange, dort würden wieder zwei Wächter stehen, die ihn dann einlassen würden.

Also ging Jonas etwa dreißig Meter geradeaus, dann bog er nach rechts ab und zehn Meter später stand er vor der goldenen Tür. Hinter dieser Tür war Shakimhas Zimmer.

Jonas war sehr verängstigt und sehr nervös. Aber dennoch spürte er, welche Ruhe und welche Liebe von diesem

Raum ausgingen. Als die Wächter ihn sahen, sagten sie, dass Shakimha ihn schon erwarten würde und öffneten die Tür.

Jonas betrat den Raum. Hinter ihm schlossen die Wächter die Tür wieder. Der Raum, in dem er jetzt stand, war etwa fünf mal fünf Meter groß. Dort war ein Schreibtisch mit einem Sessel davor und ein Bett mit einer strahlend weißen Bettdecke.

Auf dem Sessel saß Shakimha und lächelte ihn an. Er saß dort mit seinem strahlenden orangefarbenen Umhang und lächelte. Dieses Lächeln war so herrlich und so warm, dass Jonas zu weinen begann.

»Hallo Jonas, habe keine Angst, ich tue dir nichts. Ich freue mich, dass du meinem Ruf gefolgt bist und nun hier in meinem Zimmer angelangt bist«, sprach Shakimha mit ruhiger und liebevoller Stimme.

Jonas warf sich auf die Knie und legte seinen Kopf auf den Boden.

»Du kannst ruhig deinen Kopf heben und dort auf dem Boden sitzen bleiben, wenn du möchtest. Aber es wäre sinnvoll, wenn du noch einige Meter in meine Richtung kommen könntest, damit wir uns besser unterhalten können«, sprach Shakimha dieses Mal in einem Ton, in dem eine Mutter liebevoll zu ihrem Kind spricht.

Jonas krabbelte ganz ruhig und langsam bis auf zwei Meter an Shakimha heran. Der stand von seinem Stuhl auf und setzte sich vor ihm auf den Boden.

Jonas hatte nun keine Angst mehr und sein Weinen hatte sich gelegt. Er fühlte sich sicher und geborgen und er spürte die größte Liebe, die er je in seinem Leben gespürt hatte.

Shakimha schaute ihn durch liebende Augen an. Er hatte nicht die Absicht, ihn zu erschrecken oder ihm wegen seiner Macht Furcht einzuflößen. Er verhielt sich ihm gegenüber wie ein liebender Vater und eine liebende Mutter zugleich.

Das Gespräch

Shakimha: »*Lieber Jonas, ich habe dich zu mir gerufen, weil ich dir die Möglichkeit geben möchte, viele wichtige Dinge über diese Welt und über mich zu erfahren. Mögest du das, was du von mir hörst, auch an andere Menschen weitererzählen, mögest du den Weg gehen, den ich dir erkläre, und mögest du Freude und Glück durch diesen Weg finden.*

Wundere dich nicht, wenn ich mich sehr häufig wiederhole, lieber Jonas, aber nur, wenn ich die Wahrheit, die dich rettet, immer und immer wiederhole, dann wirst du sie auch behalten.«

Jonas: »Sehr wohl, Herr, ich fühle mich geehrt, dass ich diese Unterhaltung mit dir führen darf. Ich danke dir von ganzem Herzen, Gott, dass du schon immer so lange für mich und uns alle gesorgt hast.«

Shakimha: »*Schön, dass du mir deswegen dankbar bist, aber bedenke, dass meine Liebe zu euch Menschen so groß ist, dass ich niemals einen von euch im Stich lassen könnte.*

Hast du eine Frage an mich?«

Jonas: »Ja, Herr. Ich würde mich freuen, wenn ich fragen dürfte, warum du in menschlicher Form auf diese Welt gekommen bist.«

Shakimha: »*Ich habe dir vorhin die Erlaubnis erteilt, mich so viel zu fragen, wie du möchtest, also brauchst du mich nicht in dieser Weise anzusprechen. Denn auch ich mag es nicht, wenn man mir mit zuviel Höflichkeit entgegentritt, die dann am Ende meistens gespielt ist. Ich merke so etwas immer. Es gibt nichts, was ich nicht weiß und nichts, was ich nicht kann.*

Also bemerke ich auch gespielte Höflichkeit. Ich weiß durch-

*aus, dass deine Höflichkeit mir gegenüber ernst gemeint war,
aber dennoch halte ich derartige Höflichkeit für überzogen.«*

Jonas: »Entschuldigung, Herr.«

Shakimha: *»Du brauchst dich nicht bei mir zu entschuldigen, du
hast nichts Falsches getan.*
Aber nun zu der Frage, warum ich hier bin.
Die Hindus glauben an eine Prophezeiung:

*›Immer wenn Unfrieden und Disharmonie auf der Welt herr-
schen, wird der Herr Mensch und kommt auf die Erde, um die
Menschheit wieder auf den richtigen Pfad zurückzuführen.‹*

*Du kennst ja den bemitleidenswerten Zustand dieser Welt. Sehr
viele Menschen leiden und sind in großen Schwierigkeiten. Die
Beziehungen werden am laufenden Band beendet. Die Schei-
dungsrate steigt ständig.*
*Krankheiten wie Aids töten Millionen von Menschen. Die
Wissenschaftler behaupten, Gott existiere nicht, und die Ärzte
lassen viele Menschen sterben, weil sie ihnen sagen, sie könn-
ten nicht geheilt werden. Dabei können sie nur von den Ärzten
nicht geheilt werden, aber in Wahrheit gibt es Methoden, um
jede Krankheit zu heilen.*
*Außerdem werden die Religionen nicht richtig ausgeübt. Die
Religionen bekämpfen sich gegenseitig. Sie sollten ihre Kraft lieber
dazu verwenden, sich darum zu kümmern, dass ihre Anhänger
Gott mit Liebe verehren, als ständig gegen andere Religionen
Krieg zu führen und zu behaupten, sie seien die bessere Religion.*
*Wie die Menschen mit den Tieren umgehen, ist auch absolut
barbarisch. Wo ist da die Achtung vor dem Leben? Einfach Tiere
in Massen grausam umzubringen, nur weil es für euch ein Genuss
ist, sie auf eurer Zunge zu schmecken, ist nicht akzeptabel.*
*Genauso wenig wie ihr diese meine Schöpfung mit Giften und
Abgasen verseucht, der halbe Planet ist schon vergiftet. Würde*

ich dieses nicht stoppen, würde bald die gesamte Menschheit zugrunde gehen. All die grausamen Gewalttaten auf dieser Welt müssen ein Ende nehmen.

Diese Welt ist in einem riesigen Chaos versunken und dieses Chaos droht sie zu verschlingen. Das kann ich nicht zulassen.

Ich schuf diese Welt aus Liebe für den Menschen.

Ich möchte, dass jeder Mensch glücklich auf dieser Welt leben kann.

Wenn du in die Welt schaust, dann siehst du, dass dieses nur bei ganz wenigen Menschen der Fall ist. Deswegen riefen mich die Menschen. Täglich erreichen mich Gebete von leidenden Menschen.

Sie sind in Not, sie brauchen Hilfe.

Ihr Menschen seid nicht in der Lage, all das Elend zu beseitigen, welches Millionen von Menschen dauerhaft leiden lässt. Aber ich kann dieses Elend beseitigen und ich werde es tun. Unabhängig davon, was die Leute über mich sagen oder denken.

Die Kraft des Herrn darf niemals unterschätzt werden. Ich bin in meiner menschlichen Form nur ein ganz kleiner Teil Gottes, den ihr hier seht. Ich habe diese menschliche Form angenommen, damit ihr mich sehen und euch an mir erfreuen könnt.

Seht Gottes Herrlichkeit.

Kommt zu mir und werdet glücklich.

Dieses verbreite ich schon seit meiner Ankunft hier auf der Erde, aber ihr Menschen glaubt mir nicht.

Aber es gibt auch sehr viele Menschen, die an mich glauben, sie haben deutlich weniger Schwierigkeiten in ihrem Leben als die Menschen, die mich verleugnen. Sie wissen, ich bin immer bei ihnen und egal, was kommt, ich helfe und stütze, ich führe und leite, ich sorge und bringe Trost.

Ich tröste einen jeden weinenden Menschen, damit seine Tränen versiegen und Hoffnung und Geborgenheit in seinem Herzen sich ausdehnen, damit die Wärme der göttlichen Liebe einen jeden erfasst.

Ich spreche einen jeden Menschen mit all meiner Liebe an.

Ich werde folgende Schrift veröffentlichen:

Hallo, wer du auch sein magst, ob Junge oder Mädchen, sei dir sicher, dass ich dich liebe.

Ich liebe dich, du bist mein wertvollster Besitz. Ich habe diese Welt für dich geschaffen und dich auf diese Welt geschickt, damit du hier glücklich leben kannst. Du bist eins meiner Kinder. Ich habe dich geschaffen, mit all meiner Liebe und diese Liebe trägst du in dir, ganz tief in deinem Herzen.

Die Welt ist herrlich, eine herrliche Schöpfung, aber ihr Menschen seid nicht in der Lage, sie so zu verwalten, dass alle Menschen glücklich sind.

Es gibt Menschen, die fühlen sich verlassen und allein, sie haben niemanden, an den sie sich wenden können.

Viele Menschen denken lieber an sich als an andere. Viele Kinder fühlen sich allein, sie hungern oder sie leiden.

Aber es gibt jemanden, an den sich jeder wenden kann, nämlich an Gott, an euren treuen Vater, der euch über alles liebt.

Ich liebe dich über alles, ich kenne dich, ich kenne deine Wünsche und deine Bedürfnisse, ich möchte und ich werde dir helfen glücklich zu werden.

In mehreren Religionen habe ich den Grundstein gelegt, wie man ein glückliches Leben führen kann. Indem man liebt.

Aber viele verdienen lieber Geld, als dass sie lieben.

Die Religionen sind nicht in der Lage, das wichtigste Grundwissen allen Menschen, in anständiger Art und Weise, zu vermitteln. Das ist sehr schade.

Lieber verbringen die Menschen ihre Zeit damit, darüber zu diskutieren, welche Religion die bessere sei, als sich damit zu beschäftigen, wie man alle Menschen glücklich machen kann.

Also musste ich selbst kommen, um alle Menschen zu unterstützen und die Priester so zu korrigieren, dass sie beginnen die Wahrheit zu verkünden.

Nur die Liebe allein kann dich glücklich machen. Sehr häufig musste das Gute dem Bösen weichen. Ich werde dieses nicht mehr zulassen.

Niemand wird mich von dieser Erde vertreiben können, es sei denn, ich beschließe selbstständig, aus meinem Willen heraus, diese Erde zu verlassen.

Keine Waffe wird mich davon abringen, dir zu helfen, mein liebes Kind. Egal, wo du dich auch aufhältst, egal, wie stark du auch leidest, sei dir sicher, ich halte mein Wort.

Ich helfe dir. Und diese Hilfe ist nicht auf meine körperliche Anwesenheit begrenzt. Ich bin überall und ich kann dir jederzeit helfen. Egal, wo immer du dich auch aufhalten magst.

Lehne dich zurück und denke in deinen Gedanken, der Herr ist auf die Welt gekommen, um uns alle zu retten, und er wird dieses mit all seiner Liebe und mit all seiner Kraft tun. So wird jedes Wesen auf dieser Erde ein wunderbares und glückliches Leben führen. Auch du.

Ich trockne deine Tränen. Ich nehme dir deine Sorgen. Ich stehe an deiner Seite. Ich nehme dich an die Hand und sage dir, dass du geliebt wirst von deinem Vater, dem Herrn, und ich werde dich glücklich machen.

Vertraue mir. Glaube an mich. Bald werde ich mich der Weltöffentlichkeit zeigen und danach wird niemand mehr Gottes Existenz verleugnen. Die ganze Welt wird mich verehren und alle werden unter meiner Anleitung diese Welt umgestalten.

Ich werde die Wüste fruchtbar machen, so dass Millionen von Menschen dort glücklich und zufrieden leben können. Auch werde ich langsam sämtliche Umweltverschmutzungen wieder von dieser Welt nehmen. Ich bin gekommen, um die Menschheit zu retten, und ich werde sie retten.

Es wird mir keine Schwierigkeiten bereiten, ich könnte 1000 Welten wie eure gleichzeitig retten.

Meine Macht ist unendlich, meine Kraft ist unendlich. Gott sollte niemals unterschätzt werden.

Ich liebe dich und ich bin bei dir.

Vertraue mir.
Shakimha

Diese Schrift werde ich über die Welt verbreiten. Es wird herrlich werden.

Was möchtest du noch von mir wissen, lieber Jonas?«

Jonas: »Wie kann es sein, dass du jedes Wesen liebst?«

Shakimha: *»Eine sehr gute Frage, lieber Jonas.*

Ich schuf diese Welt, alles auf dieser Welt ist ein Teil von mir. Jeder Mensch ist ein Teil von mir.

Jeder Mensch ist mit einem Herzen voller reiner Liebe ausgestattet. Nichts anderes außer Liebe sucht ein jedes Wesen auf dieser Erde.

Wenn du in die Herzen der Menschen siehst und die Liebe darin erblickst, dann wirst du sehen, wie herrlich ein jedes Wesen ist.

Sowohl Mensch als auch Tier. Ich habe ganz viele einzelne Wesen geschaffen, die völlig selbstständig vor sich hin leben, alle mit dem Ziel zu lieben.

Ich weiß, wie sehr sich jeder Mensch nach Liebe sehnt, ich kenne die Sehnsüchte der Menschen. Aber die meisten sind nicht bereit den Weg zu gehen, der erforderlich ist, um Liebe zu erhalten und sie auch dauerhaft weitergeben zu können.

Es ist furchtbar, wie viele Beziehungen am laufenden Band getrennt werden. Erst kommt der erste und dann kommt der zweite Partner, und dann rühmen sich die Menschen noch damit, wie viele Partner sie gehabt haben.

Wie traurig. Wie schade.

Ich bin Liebe, nichts anderes bin ich und nichts anderes gebe ich.

Ich habe eine Welt erschaffen von herrlicher Pracht. Nur aus Liebe habe ich diese Welt erschaffen, damit ihr in euren Körpern die herrlichsten Glücksgefühle spüren könnt.

Aber man erntet, was man sät. So, wie ihr handelt, so sind auch die Früchte eurer Handlungen.

Es gibt eine göttliche Ordnung und sie beinhaltet alles, was ein Mensch wissen muss. Diese Ordnung ist die Ordnung der Liebe.

Ihr müsst allem mit Liebe, Respekt und Achtung gegenübertreten und auch bereit sein anderen zu helfen. Die Freude auf den Gesichtern der Menschen, denen man hilft, sollte Lohn genug sein.

Wenn sich alle Menschen an diese Lebensweise halten würden, wäre diese Welt ein blühender Planet. Aber die Menschen sind vom rechten Weg abgekommen und haben sich vom Bösen verleiten lassen.

Ich wusste, dass dieses passieren würde. Ich hätte es natürlich auch verhindern können, aber ich habe die Menschen mit einem freien Willen ausgestattet. Sie haben die Aufgabe, zu unterscheiden, was gut und was böse ist, und sich dann nach dem Guten zu richten und so ein glückliches Leben zu leben.

Das Problem ist nicht, dass die Menschen nicht wissen, was gut oder böse ist. Das Problem ist, dass die Menschen bewusst Dinge tun, von denen sie wissen, dass sie böse sind. Deswegen ist die Welt sehr stark heruntergekommen.

Für viele Menschen ist das Leben eine Qual. Das ist nicht der Zweck dieser Erde.

Deswegen bin ich gekommen, um alle Menschen wieder auf den richtigen Weg zurückzuführen. Ich schuf diese Welt mit dem Wissen, dass die Menschen sehr stark leiden würden, aber ich ließ es zu. Der Mensch musste sich über Jahrtausende entwickeln, um immer reifer zu werden. Die jetzige Entwicklungsstufe des Menschen ist teilweise schon sehr weit fortgeschritten, aber teilweise auch überhaupt nicht. Deswegen existiert so viel Leid und ich erkläre dir auch warum.

Wenn all dieses Leiden nicht existieren würde, dann würden die Menschen den Wert von Glück nicht kennen.

Außerdem leben die meisten Menschen nicht nach der göttlichen Ordnung der Liebe, was dazu führt, dass sie zwangsweise ein leidvolles Leben führen müssen.

Leiden und das Böse existieren auf dieser Erde, damit das Gute existieren kann. Denn wenn es nur das Gute gäbe, woher sollte man dann wissen, was das Gute ist? Ich kann nur sagen, dass etwas scharf schmeckt, wenn ich weiß, dass es scharfe Dinge und nicht scharfe Dinge gibt, die man essen kann. Wäre alles Essen scharf, dann würde man nicht mehr sagen können, es sei scharf, sondern dann es ist eben so, wie es ist.

Wer von euch sagt denn noch, das Wasser sei nass? Das ist für euch eben total selbstverständlich.

Wo es Frieden gibt, da gibt es auch Gewalt, wo es Liebe gibt, da gibt es auch Hass. Es gibt auf dieser Welt das Böse, das die Menschen dazu antreiben soll, das Gute zu suchen und es in ihrem Leben zu leben.

Natürlich kommt dann die Frage auf, warum ich nicht eine Welt schuf, auf der es nur das Gute gibt.

Die Antwort auf diese Frage geht über die Kapazität des menschlichen Gehirns, etwas zu verstehen, deutlich hinaus. Die Menschen hatten immer den freien Willen zu tun, was sie möchten. Sie haben ihn auch heute noch.

Viele haben sich für den Weg der Dunkelheit entschieden, deswegen leiden so viele Menschen auf dieser Welt.

Im Übrigen wollte ich die Menschen auch vor eine Herausforderung stellen, nämlich das große Glück zu finden, die ewige Glückseligkeit, die nur vom Herrn selbst jedem Menschen gegeben werden kann. Die Menschen sollten etwas dafür tun. Nämlich das Gute vom Bösen zu unterscheiden, auf das Böse zu verzichten und so ein glückliches Leben zu führen.

Diese Aufgabe muss ein jeder Mensch meistern. Er kommt völlig rein nur mit Liebe auf die Welt. Das Böse ist auf der Welt versteckt, und wenn der Mensch es aufnimmt, hat er es in sich. Wenn das Baby auf die Welt kommt, ist es voller Liebe, erst später nimmt es das Böse auf.

Ich erkläre es dir anhand eines kleinen Beispiels:

Jeder Mensch kommt auf die Welt mit dem Durst nach Liebe. Er läuft also auf der Welt umher. Da sieht er zwei Wasserlöcher, das eine ist zwei Kilometer entfernt.

Es ist das Wasserloch mit dem guten, reinen Wasser, der herrlichen Liebe Gottes.

Das andere Loch ist nur 100 Meter entfernt.

Da es aber sehr heiß ist, möchte der Mensch unbedingt trinken, um seinen Durst zu löschen. Der Mensch weiß, dass Gott möchte, dass er zu dem Loch in zwei Kilometer Entfernung geht, denn wenn er zu dem Loch geht, welches näher ist, dann müsste er über ein Feld gehen, auf dem auf jedem Quadratzentimeter mehrere Tiere leben. Bei jedem Schritt würde er mehrere Tiere töten.

Das andere Loch ist einfach zu erreichen, man läuft einfach über einen ausgerollten Teppich und niemand kommt zu Schaden, wenn man diesen Weg geht.

Aber der Mensch hat kein Vertrauen in diesen Weg. Er denkt: Dieser Weg ist so lang, ich werde bestimmt verdursten, bevor ich das Ziel erreicht habe. Gott sagt zwar, dass er bei mir sein wird und dass er mich unterstützen wird, aber die Wissenschaft behauptet ja, Gott existiere nicht und alle sollten sich lieber dem wissenschaftlichen Weg zuwenden als dem mit Gott. Insofern gehe ich lieber den anderen Weg.

Davor sitzen ja schon so viele Menschen, die scheinen mir sehr glücklich zu sein. Diese trinken von dem Brunnen, dann bekommen sie Geld, viele Frauen und großes Ansehen.

Das möchte ich auch haben, Geld, Ruhm, Macht und viele Frauen. Da ist es mir doch egal, wie viele Tiere sterben, wenn ich auf diesem Weg gehe.

Im Übrigen ist es mir auch egal, wenn andere Menschen ebenfalls auf diesem Weg gehen. Ich stoße sie einfach zur Seite, es ist mir doch egal, Hauptsache, ich komme an mein Ziel.

So stürzen Millionen von Menschen zum Loch des Unglücks, weil sie sich Glück davon erhoffen, es aber dort nicht finden.

Dann sind sie so kraftlos, dass sie nicht mehr die Kraft haben, diesen Weg zurückzugehen, vorbei an den totgetretenen Tieren, vorbei an all den Menschen, die man verletzt hat.

Jeder der diesen Weg zurückgehen würde, der würde natürlich an dem vorbeigehen, was er angerichtet hat. Das ist für die meisten Menschen viel zu schrecklich.

Sie halten dann lieber an ihrem falschen Weg fest und klammern sich an das letzte bisschen Freude, welches sie noch haben, anstatt umzukehren und darauf zu vertrauen, dass ich ihnen helfen werde.

Aber wie ist es denn mit den Menschen, die den guten Weg gehen? Sie werden noch gehen, wenn die anderen schon an ihrem Loch sind.

Diese lachen sie dann aus und sagen: ›Schau mal, wie herrlich es uns geht, komm doch auch zu uns, vergiss deinen Weg, hier ist es schöner!‹

So werden einige Menschen wieder von ihrem guten Weg abgebracht. Dabei steht Gott neben ihnen und hilft ihnen, aber sie sehen es nicht. Und während sie diesen Weg gehen, werden sie geprüft. Sie werden geprüft, ob sie wirklich bereit sind, unter allen Umständen an ihrem Weg festzuhalten.

Es werden ihnen also Schwierigkeiten in ihrem Leben begegnen. Entweder sie haben dann das Vertrauen in Gott und in sich selbst und sie gehen den guten Weg weiter, oder aber sie geben es auf und verlassen diesen Weg wieder. Denn sie stehen vor Schwierigkeiten.

Die Leute, die dem anderen Weg gefolgt sind, scheinen glücklich.

Sie sagen: ›Da siehst du doch, wohin dich dein guter Weg bringt. Du hast Schwierigkeiten und wir nicht, wir baden hier im Geld, brich deinen Weg ab und komm zu uns.‹

Doch der kluge Mensch hört nicht auf sie und folgt weiter dem Weg des Guten. Er überwindet die Schwierigkeit und wächst daran. Wenn man vor den Schwierigkeiten davonläuft, dann kann man nicht an ihnen wachsen.

Wer etwas Großes erreichen will, der muss auch hart dafür arbeiten, das ist anstrengend, aber wenn man dann das angestrebte Ziel erreicht hat, dann ist man glücklich, dass man alle Schwierigkeiten überwunden hat.

Mein lieber Jonas, auch wenn du dieses hier hörst und es dir kompliziert erscheint, so sei dir sicher, es ist nicht so kompliziert, wie du denkst. Dennoch erkläre ich hier alles in so deutlicher Ausführlichkeit, denn es ist wichtig, dass jeder Mensch dieses Grundwissen besitzt. Wenn du Kummer und Sorgen hast, dann wende dich an mich, ich führe dich auf den guten Weg, egal, was die bösen Menschen tun, um dich davon abzuhalten.

Der Mensch muss also die Schwierigkeiten überwinden. Dann kommt er zum Glück. Die Natur eines jeden Menschen ist nur zu lieben.

Wenn er etwas anderes tut, dann tut er etwas gegen seine Natur, gegen sein eigentliches Wesen. Er hat ein Gewissen, welches sein Wegweiser ist. Es sagt ihm immer, was richtig oder falsch ist. Er muss nur in der Lage sein, es richtig hören und verstehen zu können.

Sobald man etwas tut, welches nicht mit Liebe zu tun hat, dann sendet das Gewissen unangenehme Signale.

So etwas nennt ihr ›ein schlechtes Gewissen haben‹. Diese Signale hören erst dann wieder auf, wenn der Mensch seine begangene Handlung wieder bestmöglich zum Guten gewendet hat, oder wenn er eine bestimmte Handlung ganz unterlässt.

Aber der Mensch sagt, ich bin im Recht, weil ich dieses oder jenes getan habe. Dieses ist dennoch kein Grund, um damit eine Handlung zu rechtfertigen, die anderen Menschen einen Schaden zufügt.

Kein Unrecht kann durch irgendetwas gerechtfertigt werden. Dann sagt der Mensch, ich habe es nicht nötig, mich für eine bestimmte Handlung zu entschuldigen, oder ich habe es nicht nötig, diese oder jene Handlung zu stoppen. Diese Handlung machen doch sowieso fast alle. Wenn ich sie stoppe, dann nützt es doch der Welt auch nicht viel.

Es nützt der Welt immer, wenn ein Mensch gute Gedanken denkt und versucht, sie in gute Handlungen zu verwandeln.

Ein Mensch, der schlechte Gedanken denkt und dementsprechend schlechte Handlungen ausführt, der trägt dazu bei, dass diese Welt in einem so schlechten Zustand ist, wie sie jetzt ist.

Außerdem wirst du an deinen Handlungen gemessen und nicht an den Handlungen der anderen.

Wenn du Fleisch isst, dann müssen die Tiere sterben, weil du deren Fleisch gerne auf deiner Zunge schmecken möchtest, zusätzlich unterstützt du auch noch die grausamen Morde an den Tieren. Wenn du dich damit rechtfertigst, dass dieses sowieso sehr viele Menschen tun, und wenn du damit aufhören würdest, dann würden die Tiere trotzdem getötet, dann wird diese Rechtfertigung von mir nicht anerkannt. Wenn du Fleisch isst, unterstützt du den Mord an den Tieren.

Das ist nicht in Ordnung. Aber es gibt Schlimmeres. Verletzungen, die anderen Menschen durch Worte und Taten zugefügt werden, wiegen mehr als das Essen von Fleisch.

Wenn also jemand ein schlechtes Gewissen hat, aber nicht bereit ist, es zu bereinigen, dann verdrängt er dieses einfach. Das heißt, er schiebt eine Platte über das Gewissen. Er versucht einfach, die Sache schnell zu vergessen oder sich irgendwie selbst etwas vorzulügen, indem er sich irgendeinen Schein zusammendenkt, mit dem er dann meint, sein schlechtes Verhalten doch noch vor seinem Gewissen rechtfertigen zu können.

Doch all diese Dinge belasten das Gewissen und das reine Gewissen ist das eigentliche Wesen eines jeden Menschen. Das Gewissen ist sehr eng mit dem Herzen verknüpft. Wenn man Platten über das Gewissen schiebt, dann schiebt man sie auch über sein Herz. Dementsprechend wird die eigene Liebe dann durch diese Platten geblockt.

Der Mensch verliert also den Zugang zu seiner Liebe. Je mehr Platten er über sein Gewissen schiebt, desto weniger Liebe wird er spüren. Wer bewusst gegen sein Gewissen handelt und anderen schadet, der wird den Schmerz dieser Handlung lange in seinem Herzen tragen.

Denke an ein Baby. Kleine Babys strahlen immer ganz viel Liebe aus, aber je älter sie werden, desto weniger Liebe strahlen sie aus.

Doch es ist auch möglich, mit 70 Jahren noch die gleiche Liebe auszustrahlen wie ein Baby.

Wenn man sich bemüht, sie zu erhalten, und nicht sein Herz verunreinigt, dann kann man auch im Alter noch so glücklich sein wie das Baby.

Also ist es ganz wichtig, in allem immer nur dem Guten zu folgen, dann hat man kein schlechtes Gewissen und man blüht auf. Das Herz macht Freudensprünge und schüttet ganz viel Liebe aus. So kann man diese auch an andere Menschen weitergeben und so findet man schnell einen Partner, mit dem man glücklich werden kann.

Im Übrigen sorgt Gott dann dafür, dass jeder ein glückliches Leben führt, denn warum sollten die, welche nur Gutes tun, nicht alles Glück dieser Welt genießen dürfen.

Das Gute, das ein Mensch verbreitet, wird genauso auf ihn zurückfallen wie das Schlechte. Das Essen schmeckt immer so, wie die Zutaten schmecken, mit denen man es zubereitet. Wer sich der Zutaten der Boshaftigkeit bedient, dem wird vieles in seinem späteren Leben überhaupt nicht schmecken.

Aber ich liebe auch die Menschen, die ihr schlechte Menschen nennt. In Wahrheit gibt es nämlich gar keine schlechten Menschen. Alle Menschen sind von Grund auf gut, sie kennen bloß den richtigen Weg nicht und folgen aus Unwissenheit dem falschen Weg.

Kein Mensch kommt böse auf diese Welt. Jeder Mensch sehnt sich danach, den Weg der Liebe zu beschreiten, welcher die Verwirklichung seines eigentlichen Wesens ist.

Wenn ein aufwachsendes Kind nicht die Möglichkeit bekommt, den Weg der Liebe zu erkennen und zu erfahren, wie es ihn gehen kann, dann geht es einen anderen Weg und dieser Weg ist häufig der Weg, der einen Menschen zu einem Menschen macht, der anderen sehr viel Schmerzen zufügt und der sich gleichzeitig damit Schmerzen zufügt.

Natürlich kann sich nicht jeder Verbrecher damit rechtfertigen, aber dennoch ist die Liebe das Wesen eines jeden Menschen und dennoch ist jeder Mensch eines meiner Kinder, weswegen ich jeden Menschen Liebe und niemanden einen schlechten Menschen rufe und ihn verstoße.

Ich werde jeden Menschen retten. Ob arm oder reich. Egal, was er in seinem Leben getan hat. Wenn ich den bösen und grausamen Menschen die Tür verschließe, wohin sollten sie dann gehen?

Meine Liebe ist stark genug, um in jedes Herz auf dieser Welt zu gelangen. Ich werde jedes Herz, und sei es auch noch so steinern, erweichen und mit Liebe anfüllen.

Kein Mensch kann sein Herz vor meiner Liebe verschließen, egal, wie viel Böses er getan hat. Wer Liebe im Herzen fühlt, der wird sie auch in die Welt geben.

Ich weiß, dass es viele Menschen gibt, die nur überleben können, wenn sie sich etwas zu essen stehlen. Diese Menschen verurteile ich nicht, weil sie einen Überlebenstrieb haben und deshalb nicht anders können.

Aber ich erwarte von den sozial besser gestellten Menschen, dass sie alles tun, um alles Böse aus ihrem Leben zu entfernen, denn viele reiche Leute sind trotzdem böse und ungerecht im Verhalten gegenüber anderen Menschen.

Trotzdem ist auch für arme Menschen das Stehlen nicht gut, denn Stehlen fügt demjenigen, dem man das Eigentum nimmt, einen Schaden zu. Jemanden um sein Eigentum zu bringen ist niemals in Ordnung, egal, unter welchen Umständen.

Ihr Menschen seid dazu verpflichtet, alles dafür zu tun, um nur Gutes im Leben zu leben und zu verwirklichen. Ihr solltet niemals vergessen, dass euer Leben ein Geschenk Gottes ist. Nur durch meine Liebe habt ihr die Möglichkeit, auf dieser Welt zu leben. Ohne mich würdet ihr nicht existieren. Also hört auf, die Welt zu verletzen. Wenn ihr die Welt verletzt, dann verletzt ihr mich. Ihr verletzt mich, weil die ganze Schöpfung ein Teil meiner Liebe ist. Ich bin in jedem Wesen vorhanden. Ich bin jedes Atom, das diese Welt existieren lässt.

Ich möchte nur Liebe. Jede Handlung, die ihr ausführt, die tut ihr für mich, denn ich bin alles. Deswegen verletzt nicht diese Welt, denn so verletzt ihr mich. Wie kann ich euch dann alles Glück dieser Welt geben, wenn ihr mich ständig verletzt? Das wäre doch ungerecht.

Ich aber bin die Wahrheit, ich bin die Gerechtigkeit, die auf diese Welt gekommen ist, um euch endlich den richtigen und sicheren Weg zum Glück zu weisen. Ihr werdet diesen Weg finden, seid euch dessen immer bewusst.

Dafür bin ich da, dafür stehe ich ein. Ihr habt mein Wort, dass ich euch niemals hängen lasse. Ich bin der euch alle liebende Gott. Ich bin und ich werde immer sein.

Niemals werde ich von deiner Seite weichen, niemals lasse ich dich im Stich. Dein ganzes Leben lang stehe ich neben dir. Aber du siehst mich nicht und fühlst dich verlassen und traurig.

Sieh mich mit deinem Herzen und nicht mit deinen weltlichen Augen. Deine weltlichen Augen sehen alles, was mit dem normalen menschlichen Auge gesehen werden kann, aber das Herz sieht alles und weiß alles.

Ich bin dein Herz, ich bin deine Liebe, ich wohne an dem Ort, der dir deine Lebenskraft gibt. Deswegen versuche mich in deinem Herzen zu finden und nicht in der quälenden Vielfalt der Außenwelt.

Sieh mich mit Augen, die Liebe sehen wollen. Wenn du mich sehen willst, dann musst du bereit sein dich von allen Vorstellungen zu lösen. Ich bin jenseits deiner Vorstellungen.

Wenn du dich an einer Vorstellung von mir festbeißt und traurig bist, dass du mich nicht in der Form siehst, die du dir vorstellst, dann denke nicht, ich existiere nicht. Hoffe vielmehr auf meine Liebe, die dazu führen wird, dass du mich sehen wirst. Du wirst mich so deutlich sehen, dass du immer und ewig neuen Lebensmut schöpfen wirst, wenn du deinen Blick auf mich richtest, der ich in deinem Herzen wohne.

Bemühe dich Gutes zu tun. Suche die Gesellschaft derer, die Gutem folgen und bemüht sind in ihrem Leben guten Idealen zu folgen.

Jedes Lächeln und jeder Mensch, der sich dir freundlich zuwendet, ist ein Geschenk von mir. Wie ist das zu verstehen, möchtest du wissen?

Da ich alles bin, ist jedes Lächeln, das dir jemand schenkt, ein Geschenk von mir. Immer wenn du dich freust, ist es meine Liebe, die dich glücklich macht. Immer wenn du Kraft brauchst, bin ich der, der dich kräftigt, der dich stärkt und dich mit der Kraft ausstattet, die du brauchst, um all deine Aufgaben erfolgreich zu erledigen.

Aber du siehst mich nicht. Denke daran, dass ich nicht als Geist neben dir in Erscheinung trete. Ich bin in der Welt. Jedes bisschen Gute, welches du in die Welt gibst, das gibst du mir. Wenn du jemanden verletzt, dann verletzt du mich.

Ich wohne in dem Herzen eines jeden Menschen. Nur weil du es nicht weißt, dass ich in deinem Herzen wohne, heißt es noch lange nicht, dass ich dort nicht wohne.

Oder meinst du etwa, du hättest keine Liebe in deinem Herzen? Ich wohne in dem Herzen eines jeden Menschen. Handelt der Mensch mit dem reinen Herzen, dann handelt er mit mir und er wird glücklich sein.

Handelt der Mensch ohne sein reines Herz, so handelt er ohne mich und er wird sich dann von dem Weg der Liebe entfernen, was dazu führen wird, dass er leiden muss.

Ich bin die Liebe in deinem Herzen. Ich bin nicht die Sehnsucht nach überflüssigem Reichtum.

Du fragst dich, wenn ich alles bin, dann müsste ich auch das Schlechte sein. Wenn du zum Bespiel Drogen nimmst, dann gerätst du in Schwierigkeiten. Du versuchst durch die Drogen die Liebe zu finden, die du in deinem Herzen nicht findest.

Ich bin auch die Droge, die du einnimmst, aber in den Atomen, aus denen die Droge besteht, bin ich nur in der Größe enthalten, die ausreicht, um die Droge existieren zu lassen. Meine ganze Reinheit und Liebe wirst du niemals darin finden, denn diese ist nur in der Liebe und in der Wahrheit zu finden.

Diese Erklärung kommt dir natürlich auch sehr schwer verständlich vor, das ist auch vollkommen in Ordnung. Du kannst diesen Zusammenhang nicht vollkommen verstehen. Du kannst nur verstehen, was du verstehen sollst.

Das ist: Wenn du mich finden willst und damit verbunden all meine Liebe, dann halte dich an den Weg des guten, des wahrhaftigen und des liebevollen Menschen, der eine Wohltat für diese Welt ist.

Du weißt, wie herrlich Liebe sein kann.

Ich bin deine Liebe, die überall auf der Welt in allem und jedem enthalten ist. Wenn du irgendetwas angreifst in dieser meiner Schöpfung, dann greifst du deine eigene Liebe an.

Und was tut sie dann? Sie zieht sich zurück.

Auch dieses möchte ich dir noch etwas genauer erklären. Es gibt nur eine Liebe, diese Liebe ist die göttliche Liebe. Jeder Mensch trägt mich in seinem Herzen. Jeder Mensch trägt damit auch meine Liebe in seinem Herzen.

Diese Liebe ist immer die gleiche. Sie hat nur bei jedem Menschen eine andere Form. Wenn du also jemanden angreifst, dann erkennst du nicht, dass dieser jemand durch die gleiche Liebe angetrieben wird, durch die du angetrieben wirst. Weil du nicht erkennst, dass der andere die gleiche Liebe hat wie du, nur in einer anderen Form, hältst du ihn für von dir total verschieden und deswegen denkst du, du hättest das Recht ihn anzugreifen.

Diese gleiche Liebe geht von dem Einen aus. Dieses Eine bin ich. Dieses Eine bist auch du. Du bist ein Teil von mir, deswegen bist du auch ich und deswegen bist du auch überall auf der ganzen Welt in allem enthalten.

Greifst du also jemanden an, dann greifst du dich an, denn der andere ist auch ein Teil von dir. Die Liebe wird sich dann zurückziehen. Liebe und negative Gefühle vertragen sich nicht.

Um negative Gefühle in deinem Herzen aufnehmen zu können, musst du deine Liebe verdrängen. Diese wird sich zurückziehen, wenn du anderen Menschen Schlechtes tust, denn du zwingst sie zum Rückzug, indem du dich an das Schlechte hängst, was du dann an andere Menschen abgibst und von dem du glaubst, dass du ein Recht dazu hast und dass es dich weiterbringen wird in deinem Leben.

Negativ ist alles, was zerstören und verletzen will. Positiv ist das, was aufbauen, erhalten und helfen will.

Wenn du Liebe in die Welt gibst, dann trifft deine Liebe auf die Liebe in der Welt, die auch die deine ist. Sie hat nur eine andere Form.

Und die Liebe fließt ineinander und verbindet sich zu einem herrlichen Strom allumfassender göttlicher Liebe. Diese entspringt deinem Herzen und hilft dir die herrlichsten Glücksgefühle zu spüren, welche du spüren kannst. Wundere dich nicht, wenn du nicht alles auf Anhieb verstehen kannst, es wird der Zeitpunkt kommen, an dem du alles verstehen wirst.

Vertraue dir. Vertraue deiner Liebe. Sie kann alles bewältigen. Egal, was sich ihr auch in den Weg stellen mag.

Alle Probleme, welche die Menschen auf dieser Welt haben, sind diese, dass sie nicht darauf vertrauen, dass nur das Gute sie im Leben voranbringt.

Viele Menschen sagen, wenn man versucht in einem Beruf Gutes zu tun, dann kommt man nicht sehr weit. Um wirklich

etwas verdienen zu können, müsse man schon mal illegale Dinge
tun, die natürlich ungerecht sind. Dinge, die anderen schaden.
Dinge, die andere ausbeuten.

Nur weil dies alle machen, heißt das noch lange nicht, dass
es gerechtfertigt ist, solche Dinge zu tun. Was erhofft ihr euch
davon, wenn ihr Unrecht begeht? Geld? Ansehen? Wird es euch
glücklich machen? Wenn dann eure Beziehung zerbricht, dann
merkt ihr, dass euch alles Geld der Welt nichts nützt.

Nur die reine selbstlose Liebe kann ein anderes Herz dauerhaft
gewinnen. Reine selbstlose Liebe heißt: Gebe nicht den anderen
Menschen Liebe, weil du dir etwas Gutes davon erhoffst, gebe
den anderen Menschen Liebe ohne einen genauen Grund.

Das liebende Herz braucht keinen Grund, um zu lieben, es liebt
einfach. Nicht aber Geld kann ein Herz dazu bringen, seinen kost-
barsten Besitz, nämlich seine Liebe, über einem auszuschütten.

Nur Liebe gewinnt ein Herz. Und diese Liebe muss gelebt werden. Sie muss aus dem Herzen herausgeholt werden und überall
auf der Welt verteilt werden, damit sie ein Lächeln auf den Gesichtern der Menschen erzeugt, welche alle umherirren mit dem
einen Ziel, endlich Liebe zu finden.

Jeder Mensch muss wissen, dass er nicht mehr ziellos umherirren sollte, denn ein guter Mensch zu werden, der dem Herrn lieb
ist, das ist ein Ziel, für das es sich zu leben lohnt.

Ich kann mich nur wiederholen, Liebe ist der Weg und Liebe ist
auch das Ziel. Ich bin die Kraft, die jeden führen wird, der die
Absicht hat, ein Leben zu führen, das auf Liebe aufgebaut ist.

Liebe ist das, was ich möchte, Liebe ist das, wonach sich jeder
Mensch sehnt. Meine Liebe wird dich retten und dich durch dein
ganzes Leben tragen.

Ich kann dir immer nur so viel Liebe geben, wie in deinem
Herzen Platz für die Liebe vorhanden ist. Du solltest in deinem
Herzen nur Platz für Liebe haben, alles andere solltest du aus-

grenzen. Nicht der Kampf wird dir ein glückliches Leben bescheren, sondern die Liebe, die dich langsam und sicher durch dein Leben leiten wird.

Egal, was auch auf dieser Welt geschehen mag, ich bin dennoch der Herr über alles.

Egal, was auf dieser Welt geschehen mag, ich werde dennoch ewig existieren.

Egal, was auf dieser Welt geschehen mag, ich gebe jedem Menschen das Glück, wenn er es sich verdient hat und wenn er bereit ist, das, was ihm Unglück bringt, aus seinem Leben auszugrenzen.

Die Liebe wird siegen. Ich werde dafür sorgen, dass nicht die Menschen diese Gesellschaft führen, die am meisten Geld und Macht haben. Die Menschen, die am meisten Liebe in ihrem Herzen haben, diese Menschen werden diese Gesellschaft führen. Schließe dich mir an, Jonas.

Beginne den Weg der Liebe, der alles und jeden einschließt und der niemanden zurücklässt. Wenn du fällst, dann lasse ich alles stehen und liegen und ich komme zu dir und richte dich wieder auf.

Richte dich auf die Liebe in deinem Herzen aus. Befreie dein Herz von Leid und entwickle Sehnsucht nach meiner Liebe. Du wirst sie erhalten. Sei ohne Sorge, du wirst sie erhalten.

Nicht Prunk und Luxus noch Prahlerei machen einen Menschen zu einem großen Menschen. Liebe und Mitgefühl mit den leidenden Menschen, das zeichnet einen wahrhaft großen Menschen aus.

Wer Böses tut, der muss sein Herz verschließen, damit er die Signale, die sein Gewissen ihm sendet, nicht mehr empfangen kann. Wer aber sein Herz verschließt, der kann weder auf seine Liebe in vollem Umfang zurückgreifen noch die Liebe der anderen Menschen in seinem Herzen in vollem Umfang spüren. Er leidet dann unter Liebesmangel. Das macht ihn unglücklich.

Das ist der Grund, weswegen viele Menschen so unglücklich sind.

In einer Beziehung sagte einmal der eine Partner zu seinem

anderen Partner: ›Du gibst mir nicht mehr genug Liebe, ich möchte mich von dir trennen!‹

Die Frage ist aber, ob er denn die Liebe spüren kann, welche der andere Partner ihm gibt? Häufig gibt eine Frau dem Mann immer ihre Liebe, währenddessen verübt der Mann in seinem Beruf sehr viel Unrecht, er muss also sein Herz verschließen, um sich so vor seinem Gewissen verstecken zu können.

Er schließt also sein Herz noch mehr zu. So kommt die Liebe seiner Partnerin nicht mehr so stark in sein Herz wie vorher. Er spürt also auch ihre Liebe nicht mehr in dem gleichen Maße wie vorher.

Also denkt er, sie würde ihm weniger Liebe geben. Darüber ärgert er sich und er greift sie deswegen an. Sie streitet natürlich alles ab, denn sie gibt ihm ja weiterhin ihre Liebe, aber er kann sie nur nicht spüren.

Sie ist dann ganz tief in ihrem Inneren verletzt. Sie gibt ihm all die Liebe, welche sie besitzt, und er würdigt dieses nicht, sondern er greift sie an, statt ihre Liebe zu erwidern.

Wie traurig für sie und wie traurig für ihn, dass er sich so von der Welt hinreißen lässt, dass er Unrecht verübt und deswegen Liebe einbüßt.

Stell dir vor, du hörst die schönste Musik, die du jemals in deinem Leben gehört hast, in einer wunderbaren Lautstärke. Wenn du dir dann Lärmschützer aufsetzt, wie sie die Bauarbeiter benutzen, dann wirst du die Musik leiser hören. Du bist dann dafür verantwortlich, dass du diese schöne und wunderbare Musik leiser hörst. Du brauchst dich dann nicht bei anderen Menschen zu beschweren, sie hätten die Musik leiser gedreht. Die Musik ist immer in der gleichen Lautstärke, doch du hörst sie leiser, wenn du dir Lärmschützer aufsetzt.

›So zu handeln ist doch unsinnig‹, sagst du.

Wenn aber ein Partner in einer Beziehung ist, die von Liebe getragen wird, dann ist es schlimm, wenn er sein Herz mit negativen Handlungen belastet. Setze niemals eine glückliche Beziehung aufs Spiel für irgendwelche Dinge, die du dir dann später erhoffst.

Was kann ein Mensch sich anderes wünschen, als eine Liebe spüren zu können, die ihn immer führen wird, bis in alle Ewigkeit? Was kann ein Mensch sich anderes wünschen, als ein Bündnis mit Gott einzugehen, der alle Macht der Erde in seinen Händen hält?

Der Mensch wünscht sich primitive Lebensfreuden und gibt das Glück der Liebe dafür auf. Der einzige Wegweiser, der ihn dann noch führen kann, ist sein Gewissen. Schade, wenn er seine Signale ignoriert.

Das Glück dieser Welt ist immer im gleichem Maße für dich zu erreichen, lieber Jonas, es ist nur töricht und dumm, wenn du dein Herz mit Platten zumauerst, die verhindern, dass du an die Liebe herankommst.

Wenn du schöne Musik hören willst, dann setze dir keine Lärmschützer auf deine Ohren, wenn du glücklich sein willst, dann tue Gutes und hilf, wo und wann immer du kannst.

Ich bin nicht hier, um euch anzugreifen. Ich weiß genau, wie schlecht es euch geht. Ich weiß auch, dass ihr alle in eurem tiefsten Kern liebevolle Wesen seid. Nur diese Welt gibt euch nicht immer die Möglichkeit, euch eurem wahren Wesen entsprechend zu entfalten.

Ich werde diese Welt so umstrukturieren, dass jeder die Möglichkeit hat, sich seinem Wesen entsprechend zu entwickeln.

Eure Unwissenheit stürzt euch ins Unglück. Wenn ihr euch dessen bewusst wäret, was ihr tut, dann würdet ihr nicht mit allen Mitteln der Sexualität und dem Geld nachjagen. Ich aber werde euch die Augen öffnen.

Die Sexualität führt zu angenehmen körperlichen Gefühlen. Ich verteile aber meine Gnade und meine Liebe nicht über die Leute, die sich angenehme Gefühle verschafft haben, indem sie mit vielen Partnern geschlafen haben. Ich verteile meine Liebe auf die Menschen, die anderen Menschen helfen und die auf folgenden Satz hören: Liebe und Achtung jedem Wesen gegenüber führt zu Gottes Gnade.

Du gehst mit geschlossenen Augen. Du möchtest Liebe sehen, du siehst sie aber nicht. Du möchtest sehen, dass Gott dich trägt, du möchtest es fühlen, du fühlst und siehst es aber nicht. Du möchtest endlich Gottes unendliche Liebe spüren, die Liebe, die dich einhüllt und dir sagt, dass du immer gerettet bist und gerettet sein wirst, aber du spürst sie nicht. Du möchtest Gottes Stimme in deinem Herzen hören, die dich aufbaut, die dich tröstet und die dich führt. Du kannst sie aber nicht hören. Du möchtest nicht an Gott glauben, du möchtest wissen, dass er existiert, aber du weißt nicht, wo du ihn finden kannst. Du brauchst Gott, den du mit deinen menschlichen Augen sehen kannst, den du berühren kannst und der immer für dich da ist. Aber du kannst ihn nicht finden.

Du möchtest gerne alle Ängste und Sorgen verlieren, aber du weißt nicht wie. Du möchtest eine glückliche Beziehung leben mit Freude und Liebe, aber du hast Schwierigkeiten den richtigen Weg zu finden. Du möchtest auch körperlich absolut gesund sein. Warum solltest du krank sein? Diese Welt wurde nicht geschaffen, damit irgendjemand körperlich krank ist.

Du möchtest also gesund sein, aber die Ärzte können dir nicht helfen. Du brauchst also Gott, den du besuchen kannst und der dich heilen kann.

Weil der Herr dich so sehr liebt, ist er gekommen, um dir all das zu geben, was du brauchst. Doch der Großteil der Menschheit weiß nichts von meiner Ankunft, oder aber sie kennen mich und verleugnen mich. Ich bin schon seit über 70 Jahren auf dieser Welt und ihr wisst nichts davon.

Die Presse ist so sehr damit beschäftigt über negative Nachrichten zu berichten, dass sie nicht über die eine positive Nachricht berichtet: Gott ist hier und Gott wird euch zeigen, wie ihr eure Welt selber retten könnt. Ich bin gekommen, um euch zu helfen mich zu spüren, mich zu sehen und euch endlich die Möglichkeit zu geben, Gott in einer menschlichen Form zu sehen. Greifbar und erfahrbar.

Meine Liebe hat mich zu euch gebracht. Gleichzeitig bin ich aber überall. Vertraue darauf, dass du den Herrn gefunden hast, dass er neben dir steht.

Ich bin derjenige, der hier das Glück verteilt. Nicht die Wissenschaftler. Also halte dich an mich und du wirst ewig glücklich sein. Sehr bald werden alle von meiner Ankunft erfahren.

Ich habe davor keine Angst, der Herr fürchtet nichts und niemanden und ...«

Jonas: »Danke, dass ich hier sein darf.«

Shakimha: *»Unterbrich mich nicht mitten im Satz, das gehört sich nicht.*

Du solltest nicht einfach so den Herrn unterbrechen.

Ich vergebe dir aber, denn aus Liebe vergebe ich allen, die aus einem reinen Herzen um Vergebung bitten.«

Jonas: »Danke, Herr.«

Shakimha: *»Ich bin Gott, der sich in menschlicher Form auf eurem Planeten aufhält.*

Euer Weltbild ist sehr häufig falsch. Eure Gesellschaft folgt bestimmten Regeln. Diese führen meistens zu Unglück. Dazu gehört es, dass man entweder Gott verleugnet, weil die Wissenschaftler es sagen, oder aber man würde niemals glauben, dass Gott in menschlicher Form auf der Erde weilen könnte.

Wo ist euer Vertrauen? Jeder Gläubige, der diese Tatsache ablehnt, sollte sich an den Satz erinnern: ›Die Wege des Herrn sind unergründlich.‹

So ist es, dass ich euch liebe. So spricht der Herr. Und ich werde euch befreien von allem Unglück und von der Qual des Leidens und der Trauer.

Wenn ihr euch nicht an den Weg des Guten haltet, dann werdet ihr leiden müssen.

Alles ist mein Besitz. Jeder Name und jede Form gehören mir. Nichts gibt es, welches nicht meins wäre.

Ich bin die höchste Kraft, die höchste Autorität. Die Kraft, welche die Welt schuf und sie zusammenhält. Ich bin in menschlicher Form auf der Erde. Mögen auch die Menschen, die jetzt nicht hier sind, mich finden. Ich trage einen orangefarbenen Umhang und habe schwarze Haare, die mein Haupt in Form einer Krone umschließen. So schwer ist es nicht, mich zu finden.

Ich bin der, der schon seit über 50 Jahren verkündet hat, dass ich Gott bin. Aber ihr Menschen habt mir nicht geglaubt. Jeder soll in den Genuss der höchsten göttlichen Liebe kommen. Deswegen werde ich dafür sorgen, dass jeder Mensch wissen wird, dass der Herr auf Erden ist.

Wenn der Großteil der Menschheit herausfindet, wer ich bin, dann werden sie nicht mehr spotten. Jeder muss erkennen, dass ich Gott bin, der in menschlicher Form auf der Erde weilt. Der Spott war dann und ist unberechtigt. Ich schätze es nicht, wenn man über den Herrn spottet. Aber ich vergebe es den Menschen trotzdem, denn ich liebe sie zu sehr.

Nichts gibt es, welches ich euch Menschen nicht vergeben würde. Ganz egal, was es auch sein mag, welches ihr verbrochen habt. Ich nehme euch in meine Arme und umschließe euch mit meinen Armen, durch welche die Liebe ganz tief in euer Herz fließen wird. Ich rette dich und ich verhelfe dir zu einem glücklichen Leben, wer du auch sein magst und wo du auch sein magst.

Mache dir keine Sorgen, du hast Gottes Wort. Ich verlasse diese Erde nicht, bevor die ganze Welt an mich glaubt und alles tut, um die Welt umzustrukturieren. Erst dann verlasse ich euch und komme in einem anderen Körper wieder. Und ich werde euch weiter zur Seite stehen.

Aber denkt daran, meine Macht ist nicht auf meine körperliche Form beschränkt. Ich bin überall. Meine Macht dringt überall hin.

Egal, wo du auch bist, rufe mich einfach und ich werde dir helfen. Rufe Gott. Ich werde antworten und dir helfen. Vertraue mir, Mensch.

Ich, der Herr, werde dir die Liebe geben, nach der du schon seit Ewigkeiten gesucht hast. Ich werde diese Welt mit harter Hand umformen. Nichts kann mich bedrohen oder aber die Ausführung meines Planes verhindern. Der ganze Planet zusammen könnte es nicht gegen mich aufnehmen.

Insofern werde ich mich von niemandem stören lassen, was er auch versuchen wird. Ich werde die Wüste wieder in fruchtbares Land verwandeln und dort eine neue Stadt errichten. Die ärmsten Leute dürfen dann dort wohnen. Ich werde sie mit Essen und Wasser versorgen und sie von allen Krankheiten heilen.

Die wohlhabende Bevölkerung wird viele Gebäude abreißen und sie nach meinem Architekturstil erneut aufbauen. Ein Stil, eine Einheit, eine Liebe. Eine Liebe, welche die ganze Welt vereinen wird.

Ich werde auch in das Klima eingreifen. Die größte Hitze wird kühler und ein großer Teil der Eiswüsten wird fruchtbares Land werden. Ihr werdet dann sehen, wie herrlich Gottes Herrlichkeit ist.

Alles scheint dir wie ein Traum. Aber es ist kein Traum. Du wirst es schon sehr bald herausfinden, dass dieses alles kein Traum ist.

Ihr werdet euch auf mich stürzen und euch alle freuen, wie herrlich der Herr ist.

Ich werde jetzt noch auf eine ganze Reihe anderer Dinge eingehen, du wirst mich nicht fragen müssen, lieber Jonas, denn ich weiß sowieso, was du wissen möchtest.«

Die Reise in dein Herz

Wir beide machen jetzt einmal eine Reise in dein Herz. Dein Herz ist es, welches dich leben lässt. Leben und lieben. Wenn dein Herz nicht richtig funktioniert, dann kann es dich dein Leben kosten. Es heißt, wenn das Herz aufhört zu schla-

gen, dann stirbt der Mensch. Ich sage, wenn das Herz aufhört zu lieben, dann stirbt der Mensch auch. Er wird zwar noch einen lebendigen Körper haben, aber dieser ist dann eine wandelnde Leiche. Ein Herz ohne Liebe ist wie ein Milchkrug ohne Milch.

Aber die Liebe ist in deinem Herzen vorhanden. Sie wird immer in deinem Herzen vorhanden sein. Sie ist dein eigentliches Wesen. Solange du lebst, solange suchst du nach Liebe.

Du möchtest einen Partner haben, dem du vertrauen kannst, dem du all deine Liebe geben kannst und der sie dir auch zurückgibt. Du möchtest geliebt werden. Du möchtest, dass dich jemand liebt. Du möchtest, dass jemand deinen Wert erkennt und dir immer helfen wird, egal, wie du bist und in welcher Situation.

Du magst es nicht, wenn dich jemand schlägt und angreift, denn es verletzt dich, es schmerzt in deinem Herzen. Du möchtest ein glückliches Leben führen. Ohne Probleme und Sorgen. Du möchtest das ganze Leben nur genießen. Du möchtest lachen und dich freuen. Fröhlich sein möchtest du.

Du möchtest die Sicherheit haben, dass dich dein Partner in deiner Beziehung niemals verlässt. Deine Liebe ist deine Sicherheit. Du bist die Liebe und du suchst sie. So ist es. Ich weiß es. Ich habe jeden Menschen so geschaffen, dass er immer den Drang haben wird, Liebe zu suchen.

Wer Liebe gibt, der bekommt sie auch zurück und zwar in doppelter und dreifacher Form.

Du bist die Liebe, die du suchst. Jeder ist die Liebe, die jeder sucht. Sie ist in dir. Schon immer ist sie in dir gewesen. Lass sie heraus, öffne dein Herz. Weißt du wie?

Ich helfe dir jetzt. Sprich folgendes Gebet:
›Lieber Gott, Schöpfer der Erde.
Bewohner unserer Herzen.
Du bist die Hoffnung, die ich habe.
Du allein hast die Macht, mich ewig glücklich zu machen.

Nimm mein Herz in deine Hand.
Berühre es und höre es schlagen.
Es ist Liebe, die in ihm pocht.
Liebe zu dir, Gott.
Liebe zu anderen Menschen und Tieren.
Ich möchte dich in meinem Herzen spüren.
Du wohnst dort.
Ich klingele an deiner Haustür, bitte öffne sie und gib mir
Liebe.
Ich brauche sie, ich sehne mich danach, ich suche sie schon so
lange.‹

So werde ich dann mein Wort halten und dich ganz tief in dei-
nem Herzen berühren. Spüre es und freue dich darüber.«

Jonas begann das Gebet.
Shakimha sagte: *»Beten ist der Weg, den ein Mensch beschreiten*
muss, um zu erkennen, dass Beten die Verbindung ist zu mir, der
ich in seinem Herzen wohne und der ich nur darauf warte, dass
er sich an mich wendet.«

DIE GESCHICHTE VON DER KATZE UND DEM MÄDCHEN

Ein Mädchen namens Tina hatte einmal eine Katze. Diese
Katze hieß Felia. Immer waren beide nebeneinander und
Felia schnurrte, wenn Tina in der Nähe war.

Die Katze liebte Tina und Tina liebte auch Felia. Felia war-
tete immer darauf, dass Tina aus der Schule kam und sich zu ihr
setzen würde, um sie zu streicheln.

So kam sie dann auch immer direkt nach dem Mittagessen zu
Felia und streichelte sie. Sie gab der Katze dadurch Liebe. Auch

die Katze kuschelte sich in Tinas Arme und gab ihr Liebe. Das war eine herrliche Liebesbeziehung.

Ein kleines Wesen wie diese Katze konnte Liebe spüren und Freude, wenn Tina kam. Aber auch Trauer, wenn Tina das Haus wieder verließ.

Genauso kann jedes andere Tier diese Dinge auch spüren. Sogar eine Ameise. Jedes Tier kann die Liebe spüren, die du ihm gibst. Behandelst du ein Tier schlecht, dann leidet es.

Du sollst nicht der Grund sein für das Leiden eines Wesens, das auf dieser Welt friedlich leben möchte.

Achte die Tiere und behandele sie mit Liebe, dann wirst auch du mit Liebe behandelt werden.

Felia wurde einmal sehr krank und Tina machte sich große Sorgen um das Leben ihrer geliebten Katze. Der Tierarzt sagte, er könne der Katze nicht mehr helfen. Die Eltern von Tina versuchten schon, sie auf den möglichen Tod von Felia vorzubereiten.

Aber Tina gab nicht auf.

Sie sagte: ›Gott kann mir doch helfen. Er ist doch allmächtig. Er kann sie doch einfach heilen. Warum sollte er sie nicht heilen, wenn ich ihn darum bitte?‹

›Unsinn!‹, sagten ihre Eltern. ›Wenn der Arzt sagt, es gäbe keine Rettung mehr, dann gibt es leider keine Rettung mehr. Gott heilt nicht einfach so irgendwelche Tiere. Der hat sicherlich so viel zu tun, dass er sich nicht auch noch um eine Katze kümmern kann.‹

Aber Tina glaubte ihren Eltern nicht. So ging sie eines Tages an einen stillen Ort und begann zu beten. Tränen liefen ihr aus den Augen und sie sprach folgendes Gebet:

›Lieber Gott, wo du auch bist, ich weiß, du kannst mich hören.
Ich liebe meine Katze Felia so sehr.
Sie gibt mir so viel Liebe, bitte hilf ihr und heile sie.
Bitte lass sie nicht sterben, sie ist meine Kraft.
Ich hänge so sehr an ihr.
Ich kann nicht viel machen, denn ich bin nur ein Mensch.

Aber ich werde dir versprechen, dass ich von nun an versuchen
werde, nur noch Gutes in meinem Leben zu tun.
Unabhängig davon, ob du Felia heilst oder nicht.
Ich bitte dich aus der Tiefe meines Herzens, bitte heile sie.
Ich werde alles tun, was du von mir möchtest, aber bitte heile
sie‹.

Ich hörte ihr Gebet und war sehr erfreut. Sie hatte mir versprochen, von nun an sich zu bemühen, nur noch Gutes in ihrem Leben zu tun und zwar unabhängig davon, ob ich ihre Katze nun heilen würde oder nicht. Das war eine Geste der Liebe. Deswegen heilte ich ihre Katze.

Sie gab mir ihre Liebe, ohne dafür eine Gegenleistung zu erwarten. Das ist selbstlose Liebe, das macht dich glücklich. Danach wurde sie mit ihrer Katze glücklich und sie merkte, wie wertvoll doch die Katze für sie war. Als sie dann erwachsen war, heiratete sie einen freundlichen Mann und wurde mit ihm sehr glücklich. Sie hatte sich nämlich ihr ganzes Leben lang wirklich bemüht, nur Gutes zu tun. So habe ich ihr dann ein glückliches Leben geschenkt.

All dieses hat sie erreicht, weil sie zu Gott gehalten hat und nicht zu der Wissenschaft, die ihre Katze schon totgesagt hatte.

Aus dem schlimmen Krankheitsfall entwickelte sich dann ein Erlebnis, welches der Grundstein für ihr weiteres Leben wurde. Sie hat also aus diesem Erlebnis gelernt. Sie hat mich nicht beschimpft, sondern mich um Hilfe gebeten.

Wenn ihr also Schwierigkeiten habt, dann schicke ich sie euch nicht, um euch zu ärgern. Ich schicke sie euch, damit ihr daraus lernt und euer Leben in eine positivere Richtung leitet. Nicht aber, um euch zu ärgern. Gottvertrauen ist wichtig. Wer Gott vertraut zu jeder Zeit, der wird sich niemals sorgen. Wende dich immer, wenn du Schwierigkeiten hast, an mich, ich werde dir helfen.

Die Wissenschaft wird nur gewisse Probleme lösen können. Wenn du etwas lernen sollst, dann wirst du dieses lernen müssen.

Ich werde dir dann solche Schwierigkeiten in den Weg legen, bei deren Lösung die Wissenschaft dir nicht helfen kann. Also tue Gutes, halte dich an mich und führe ein glückliches Leben.

Denke immer daran, ich möchte nur, dass du liebst und deine Liebe in die Welt gibst. Dann bist du glücklich und dann bin ich glücklich.

Wer liebt, der versucht alles, um dem anderen zu helfen und ihn zu unterstützen. Ich verlange nicht, dass du die ganze Welt veränderst, aber wenn du dich den Menschen gegenüber, denen du begegnest, mit Respekt und Achtung verhältst, dann ist das schon mal ein guter Grundstein, auf dem du aufbauen kannst.

Wer liebt, der stützt, der hilft, der fühlt mit, der versucht anderen einen Halt zu bieten, der respektiert den anderen, auch wenn er total verschieden von einem selbst erscheinen mag.

Dennoch sind alle Menschen auf demselben Pfad, nämlich auf der Suche nach der Liebe, die einen endlich glücklich macht. Nicht nur oberflächlich glücklich, sondern so glücklich, dass eine Freudenträne dein Auge verlässt und auf den Erdboden fällt. Dort kommt sie dann auf, die Träne, die aus Liebe dein Herz verließ und auf die Erde niederfiel.

Du wirst dieses Glück erhalten, egal, was du tust, ich bin immer bei dir. Egal, ob du an mich glaubst. Ich, der liebende Vater, lasse dich niemals im Stich.«

Erinnere Dich

Ich möchte, dass du dich erinnerst. Ich möchte, dass du dich an den Tag erinnerst, bevor du auf die Erde kamst. Weißt du es noch?

Du kannst dich nicht mehr bewusst daran erinnern, aber dein Herz erinnert sich noch an diesen Tag. Du warst bei mir, hier in der Geborgenheit, in meiner Wärme, in meiner dich schützenden Umgebung. Hier warst du, du hast dich wohl gefühlt, du warst überglücklich.

Hier hast du deine Liebe ausgelebt, ich war in deiner Nähe, nichts konnte dir etwas anhaben, immer war ich da, habe dich geliebt, dich getragen und dir meine Kraft gegeben.

Hier bei mir hast du das Glück gespürt, welches du schon so lange suchst. Du hast es gespürt, erinnere dich. Und du sehnst dich danach. Du hast dich schon immer danach gesehnt.

Es ist so, dass sich jeder Mensch nach Gottes Liebe sehnt.

Gottes Liebe birgt alles, was existiert und alles, was man sich wünschen kann. Wer sollte sich nicht nach ewiger Glückseligkeit und Allmacht sehnen? Schon dein ganzes Leben lang hast du dich danach gesehnt.

Hier bei mir warst du, bei deinem Vater. Aus mir bist du entsprungen. Du bist ein Teil von mir, du trägst meine Liebe in deinem Herzen.

In der Tiefe deines Herzens weißt du, dass du mein Kind bist. Du kennst deinen Vater, ich weiß, dass du mich kennst. Du hast hier sehr lange gelebt. Erinnere dich. Lass das Gefühl in deinem Herzen wachsen.

Du kannst dich nicht mehr bewusst daran erinnern, aber dein Herz weiß es. Dein Herz hat es niemals vergessen. Dein Herz hat die Liebe zu mir niemals vergessen. Es hat niemals aufgehört, mich zu lieben und mir zu vertrauen.

Aber du hast diese Erinnerung nicht mehr bedacht. Du hast sie vergessen. Warum vergisst du den schönsten Moment deiner Existenz? Den Moment, in dem du bei deinem Vater warst.

Ich weiß, dass du jetzt Wärme in deinem Herzen spürst, die Wärme der Erinnerung an deinen Vater. Glaube daran, halte daran fest. Es ist die Wahrheit. Nichts als die Wahrheit.

Ich bin auf die Erde gekommen, um dich wieder zu dieser Er-

innerung zurückzuführen. Dein Vater ist hier auf der Erde. Ich
bin gekommen, weil ich dich liebe.

Ich gab dir mein Versprechen, dass ich dich immer unterstützen würde, egal, was auch immer passieren würde. Und ich halte
dieses Versprechen.

Ich bin gekommen mit all meiner Kraft, mit all meiner Herrlichkeit. Jetzt ist endlich die Basis auf dieser Welt, auf die sich
jeder stützen kann.

Halte an mir fest, vertraue mir, ich werde dir helfen, egal, was
auch immer passieren wird. Rufe mich aus der Tiefe deines Herzens und vertraue darauf, dass ich dir antworten werde.

Ich bin Gott.
Ich bin zum Greifen nahe.
Jeder kann mich besuchen.
Erinnere dich an deinen Vater.
Erinnere dich an mich.
Erinnere dich an unsere Liebe.
Du wirst dich erinnern.
Weil ich es möchte, weil ich dich nicht aufgebe.
Ich gebe dich nicht auf.
Ich gebe dich nicht auf.
Ich liebe dich schon seit einer Ewigkeit.
Seit Beginn deiner Existenz.«

DAS FALSCHE WELTBILD

Ich weiß, was jetzt in dir vorgeht. Ich weiß es sehr genau,
denke daran, dass ich die Worte so formuliere, dass möglichst
viel Liebe in deinem Herzen freigesetzt wird. Du weißt nicht,
was du fühlen sollst, du stehst zwischen Freude und Weinen. Vergiss niemals, ich existiere und ich liebe dich.

Ich werde immer an deiner Seite stehen, niemand wird mich davon abhalten. Du hast aber ein falsches Weltbild.

Die Wissenschaft hat euch verdorben, sie hat euch weisgemacht, es gäbe Gott nicht. Und wenn du an mich glaubst, dann kannst du dir nicht vorstellen, dass Gott tatsächlich auf der Erde sein könnte. Aber ich bin es. Ich bin gekommen. Der Gott, von dem so viel gesagt und geschrieben wird. Der Gott, der dich geschaffen hat, der die ganze Welt geschaffen hat und der die Macht hat, alles zu bewirken, was er sich vornimmt. Ich bin hier. Ich werde nicht gehen. Auf keinen Fall werde ich gehen.

Ich werde mich auch den anderen Menschen zeigen und dann werde ich euch zum Glück führen. So ist es. Glaube daran, vertraue darauf.

Ich werde diese Welt nach meinem Willen zu eurem Glück umformen. Ich bin sehr gut dazu in der Lage, überall auf der Welt meinen Willen umzusetzen und durchzusetzen. Lehne dich zurück und vertraue.

Im Übrigen habe ich mich schon längst der Welt gezeigt, aber die Mehrheit denkt, ich sei irgendein Guru, der behauptet Gott zu sein. Ihr lacht über mich. Aber ich bleibe ruhig. Ich lasse euch weiterleben und warte ab. Ich werde der ganzen Welt zeigen, dass ich hier bin. Wann dieses sein wird, das wird mein Geheimnis bleiben.«

Der weinende Mann

*E*in 30 Jahre alter Mann machte einmal eine Reise zu mir. Er hatte Aids, er wusste aber nichts davon, er hatte sich verlobt und wollte heiraten und bei einer Routineuntersuchung kurz vor seiner Hochzeit hatte sich herausgestellt, dass er an Aids erkrankt war.

Glücklicherweise hatte er seine Verlobte nicht angesteckt.

Diese wurde aber mit dieser Nachricht nicht fertig und sagte die Hochzeit ab. Für sie war es entsetzlich, für ihn war es noch schlimmer.

Beide waren sehr stark ineinander verliebt und nun stand die Krankheit zwischen ihnen. Er hatte keine Hoffnung, dass diese Krankheit geheilt werden könnte, denn die Ärzte behaupten ja, Aids sei unheilbar.

Für die Ärzte ist es unheilbar, nicht aber für mich. Im Übrigen könnten die Ärzte diese Krankheit heilen, wenn sie nur die richtige Methode verwenden würden.

Dieser Mann war am Ende seiner Kräfte, er war an einem Punkt angekommen, an dem das Leben für ihn eine Katastrophe war. Die Wissenschaftler konnten ihm nicht mehr helfen. Aber er war gläubig und so betete er zu Gott.

Er konnte sich zwar nicht vorstellen, dass Gott ihn heilen könnte, aber das Gebet war seine letzte Hoffnung. Ich hörte sein Gebet und richtete die Umstände so ein, dass er von mir hörte und so den Weg zu mir fand.

Er kam hierher, um mich zu besuchen und um mich um Heilung zu bitten. Er kam nicht mit einer großen Skepsis hierher und begann nicht darüber nachzudenken, ob ich nun Gott sei oder nicht, sondern er akzeptierte meine Identität.

In tiefer Demut kam er hier an. Für ihn ging es um Leben und Tod. Mit dieser Krankheit konnte er nicht heiraten und er würde sicher bald sterben. So war sein Leben ruiniert. Ohne diese Krankheit könnte er dann heiraten und ein glückliches Leben führen.

Er war also darauf angewiesen, von mir geheilt zu werden. Er saß hier in den Reihen und sah mich vorüberlaufen. Mal lief ich nahe an ihm vorbei, mal etwas weiter entfernt. Ich schaute nicht ein einziges Mal in seine Richtung. Ihn kümmerte dieses nicht. Er saß hier in tiefer Demut versunken.

Er sagte zu sich: ›Mein Leben ist sowieso ruiniert, ich habe keine Macht mehr über mein Leben, nur Gott allein kann mich retten. Mein Leben liegt in seiner Hand, er hat mich geschaffen, wenn er mich retten will, dann wird er mich retten, wenn er mich nicht rettet, dann sterbe ich eben, das liegt in seiner Hand. Ich gebe mich in seine Hand. Ich habe sowieso keine Wahl.

Jeder Mensch liegt in Gottes Hand, ob er will oder nicht.‹

So saß er da. So kauerte er am Boden, tief in Gedanken an mich versunken und die Möglichkeit, gerettet zu werden.

Tage vergingen und Tag für Tag saß er dort und beobachtete mich, wie ich durch die Reihen ging. Er saß und weinte, sah sein Leben schrumpfen und sah aber auch, dass sein ganzes Leben nun in meiner Hand war. Er dachte daran, wie viele Menschen eine gute Gesundheit geschenkt bekommen und trotzdem ein schlechtes Leben damit führen.

Wie schnell kann es gehen, dass man mit Problemen konfrontiert wird, zu deren Lösung die Wissenschaft nichts beitragen kann, dann ist man auf Gottes Gnade angewiesen.

Zwei Tage bevor er abreisen wollte, holte ich ihn zu einem Gespräch in mein Gesprächszimmer. Ich hole immer jeden Tag einige Leute in dieses Zimmer, um mit ihnen wichtige Dinge zu besprechen.

Als er das Zimmer betrat, warf er sich auf den Boden und begann zu weinen. Er weinte und weinte. Ich unterbrach ihn und fragte ihn, warum er denn weine.

Er sagte, weil er so traurig sei, dass er Aids habe und deshalb nicht heiraten könne.

Ich sagte ihm, dass er schon einen Tag bevor er die Reise hierher angetreten habe, kein Aids mehr habe.

Er war total verwirrt.

Ich antwortete mit folgenden Worten:

›Du hast dich in großer Not an mich gewendet. Dort, wo du keine Hoffnung mehr sahst, da war ich deine letzte Hoffnung. Du hast dein Leben voll in meine Hand gegeben und du hast gewusst, dass nur ich dich heilen kann.

Ich habe dich geheilt, weil du das erreicht hast, was ich von dir wollte. Du hast erkannt, dass dein gesamtes Leben in meinen

Händen liegt und dass nur ich dich vor dem drohenden Tod bewahren kann.

Ich hatte nicht die Absicht, dich zu töten oder aber deine Hochzeit zu verhindern, ich wollte dir nur zeigen, dass dein ganzes Leben in meinen Händen liegt und du deswegen ein unerschütterliches Vertrauen in mich haben kannst.

Du hast diese Krankheit erhalten, um zu lernen. Du hast gelernt und sie verschwand wieder.

Krankheiten entstehen nur bei falscher Lebensweise. Sie kommen, um den Menschen dazu zu zwingen, seine Lebensweise zu korrigieren. Wenn er sie richtig korrigiert, dann verschwinden sie wieder.

Die Ärzte bekämpfen meistens nur die Symptome, nicht aber die Ursache. Die Ärzte haben kein Mittel gegen Aids, weil diese Krankheit geschaffen wurde, um die Menschen zu lehren.

Nämlich, dass die Sexualität eine hohe göttliche Kraft ist und dass sie nicht als Freizeitsport betrieben werden darf, mit ständig wechselnden Partnern.

Wer so gegen dieses Gesetzt verstößt, der muss damit rechnen, dass es ihn sein Leben kosten kann.

Sexualität ist ein fester Bestandteil der menschlichen Persönlichkeit, wenn ein Mensch einen anderen Menschen nicht liebt, aber dennoch ein sexuelles Verhältnis mit ihm eingeht, dann ist der Sinn dieses Verhältnisses nur, sich angenehme körperliche Gefühle zu verschaffen.

Die selbstlose Liebe aber hat das Ziel, den anderen zu stützen und ihm zu helfen, wo sie kann.

Wenn man einfach mit einem Partner schläft und ihm einredet, Sexualität sei nichts Besonderes, dann achtet er seine eigene Sexualität nicht mehr und achtet so einen wichtigen Teil seiner Persönlichkeit nicht mehr. So etwas führt dann dazu, dass die Menschen denken, dass nur die Sexualität die Basis einer Beziehung ist.

Sie glauben weiterhin, dass, wenn sie besonders sexuell erfahren sind, dieses ein Grundstein einer Beziehung ist, der sie dauerhaft besonders sicher tragen kann.

Die Basis einer Beziehung muss selbstlose Liebe sein. Selbstlose Liebe liebt den Partner unabhängig davon, wie sexuell erfahren er ist.‹

Der Mann verließ mich wieder und er heiratete und wurde glücklich. Niemals hat er vergessen, dass ich ihn geheilt habe und dass ich ihm ein neues Leben geschenkt habe.

Du, Jonas, solltest niemals vergessen, dass ich dich geschaffen habe, aus meiner Liebe heraus.

Ich wünsche mir, dass du anderen Menschen nichts Schlechtes antust, wenn du es trotzdem tust, dann wirst du mit deinen schlechten Handlungen konfrontiert, so lange, bis du wieder den guten Weg eingeschlagen hast.

Denke daran, dass ich dich liebe, denke aber auch daran, dass du ganz schnell in eine ähnliche Situation gelangen kannst wie der Mann, von dem ich gerade berichtet habe.«

MEINE KRAFT

Ich werde sehr häufig unterschätzt. Niemand sollte Gott und seine Kraft unterschätzen. Meine Kraft ist stärker, als du es dir auch nur im Geringsten vorstellen kannst.

Du siehst diese Welt und denkst, das muss ja besonders viel Kraft kosten, diese ganze Welt zu verwalten und sie zu führen.

Du irrst dich ganz gewaltig mit dieser Aussage. Mich kostet überhaupt nichts Kraft. Ich will, dann wirke ich und das Ergebnis tritt ein.

Nur Menschen und Tiere brauchen Kraft für irgendwelche Dinge. Ich brauche niemals Kraft, ich könnte Millionen von Welten wie die Erde gleichzeitig verwalten, ohne irgendeinen Aufwand von Kraft.

Du kannst es dir nicht vorstellen, dass es so eine Kraft geben kann, wie ich es bin. Dein Denken ist nicht in der Lage mich zu verstehen, das soll es auch gar nicht. Ich habe dich nicht geschaffen, um mich zu verstehen.

Insofern kannst du es noch sehr lange versuchen, mich zu verstehen, du wirst es niemals schaffen. Aber du darfst nicht denken, nur weil du mich nicht verstehen kannst, gibt es mich nicht. Meine Herrlichkeit ist so unermesslich groß, dass sie nicht durch Worte beschrieben werden kann. Nur mit deinem Herzen kannst du sie erfassen.

Ich bin Liebe. Liebe. Selbstlose Liebe.

Liebe kannst du nicht verstehen, du kannst sie nur spüren. Du kannst sie spüren und durch sie bewegt und angetrieben werden. Ich muss nicht durch Dinge, die ich sage, und Dinge, die ich tue, beweisen, dass ich Gott bin.

Nein, das muss ich nicht.

Meine Liebe allein findet den Weg in dein Herz und wird dir dort zeigen, dass ich der Herr bin, der dir seine Liebe schenkt. Ich werde jetzt meine Kraft auf dein Herz ausrichten. Spüre in dein Herz. Du weißt genau, wie Gottes Liebe sich anfühlt. Du hast es tief in deinem Inneren gespeichert, denn du suchst schon dein ganzes Leben nach dieser Liebe.

Ich liebe dich. Ich liebe dich.

Ich versorge dich und ich decke dich zu, mit einer Decke, die Wärme und Fürsorge in deinem Herzen verteilt. Ich werde dich in meinen Armen tragen, und wenn du schreist, weil du Schwierigkeiten hast, dann bewege ich mit meiner Liebe alles auf der Welt so, dass du, beruhigt und frei von Sorgen, dich mit einem Gefühl von wunderbarer Ruhe in meinen Armen zur Ruhe legen kannst.

Spüre in dein Herz. Ich wandere gerade darin herum. Ich weiß, dass du es spürst. Du denkst dich häufig kleiner, als du bist. Du bist nicht irgendein kleines menschliches Wesen. Du bist ein Teil Gottes. Du bist ein Kind von mir und ich sorge gut für meine Kinder.

Du hast das Recht auf meine Fürsorge. Vertraue deinem Herzen und spüre, dass die Worte, die ich zu dir spreche, die Wahrheit sind.

Das Weltbild, welches du dir geschaffen hast, wurde dir von deinen Eltern und Freunden mit auf den Weg gegeben. Was sie nicht wissen, das können sie dir auch nicht sagen. Es fehlt das Wissen um die wichtigsten Grundregeln dieser Welt. Das ist schade.

Doch ohne Bedienungsanleitung können viele Dinge sehr schwierig zu verstehen sein. Entweder man liest eine Anleitung vollständig und benutzt ein Gerät so, wie es gebaut wurde, oder aber man bedient es irgendwie.

Am Ende schneidet man dann mit dem Rasenmäher die Hecke.

Diese Welt hat einige Grundregeln, die jeder wissen muss. Ohne sie ist das Leben schon von Anfang an ein zielloses Umherirren durch den Irrgarten, in dem man sich verläuft, wenn man sich nicht an Gottes Plan hält. Die wichtigste Grundregel ist Liebe. Die zweitwichtigste ist auch Liebe und alle anderen Regeln auch.«

Wie kompliziert ist diese Welt wirklich?

So, mein lieber Jonas. Ich möchte jetzt einmal darüber sprechen, wie kompliziert euch diese Welt erscheint und wie kompliziert sie wirklich ist.

Ich gehe jetzt auch auf die Gewohnheiten in Deutschland ein. Deutschland hat ein wunderbares Rechtssystem. Kein Land auf der Welt kümmert sich so wunderbar um seine Einwohner wie Deutschland.

Ich schätzte die deutsche Bevölkerung sehr. Ich werde jetzt die typische Lebensweise der deutschen Bevölkerung aufgreifen und ihre Fehler deutlich aufzeigen.

Ganz am Anfang werde ich an dem Zeitpunkt beginnen, an dem das Baby geboren wird. Ein Baby kommt direkt von Gott auf die Welt. Es kommt aus dem Paradies auf die Erde. Das Erdenleben ist hart. Das Baby vermisst Gott und seine Liebe und seinen Schutz. Also muss dem Baby ein Ersatz zur Verfügung gestellt werden. Es muss gleich von Anfang an mit Gott verbunden werden, damit es gleich wieder die Liebe spüren kann, die es so stark vermisst.

Das ist sehr leicht möglich. Man kann Kirchenlieder in der Nähe des Babys singen oder ihm einfach immer wieder sagen, Gott ist bei dir, er liebt dich, mache dir keine Sorgen, er liebt dich und er ist bei dir. Und wir, deine Eltern, sind auch bei dir.

Wenn man durch Lieder und durch viel Zureden und durch viele Gebete in der Nähe des Babys es von Anfang an auf Gott ausrichtet, dann wird es sein ganzes Leben auf diese Basis aufbauen und so ein gesichertes Leben führen.

Das sind die Eltern ihrem Kind schuldig, dass sie dafür sorgen, dass es mit einer herrlichen Basis ausgestattet wird, um später ein glückliches Leben führen zu können.

Leider weinen viele Babys schon sehr früh. Viele weinende Kinder im Alter von etwa zwei bis drei Jahren fallen ihren Eltern oft zur Last.

Das Kind weint, weil es sich nach Liebe sehnt. Nach der Liebe Gottes und nach der Liebe der Eltern.

Also helft den kleinen Kindern. Redet zu ihnen über Gott. Helft ihnen, dass sie großes Vertrauen zu Gott aufbauen. Das ist wichtig, das gebt ihnen mit auf den Weg. Wenn ein Kind dann heranwächst, dann muss es lernen, wie es sich auf dieser Welt anständig verhalten kann.

Es muss erzogen werden. Zu einem liebevollen und mitfühlenden Menschen. Das geht nur, wenn es mit Liebe erzogen wird. Wenn das Kind etwas falsch macht, dann sollte man es ihm sagen.

Aber man sollte ihm nicht nur sagen: ›Das war falsch, mach das nicht noch mal!‹, sondern man sollte ihm auch sagen, wa-

rum. Dann kann das Kind aus Einsicht das Tun von falschen Dingen unterlassen und nicht aus Angst vor der Strafe.

Kleine Kinder sind sehr sensibel, sie haben ein sehr zartes Herz. Wenn ihnen mit Liebe begegnet wird, dann öffnen sie ihr Herz noch weiter und sie geben ihren Eltern die Liebe zurück. Wenn die Eltern aber dem Kind mit Wut und Ärger begegnen, dann verschließt es sein Herz zum Schutz, damit der Ärger und die Wut der Eltern nicht in sein Herz gelangen können.

Wenn ein Mensch sein Herz verschließt, dann verschließt er die Quelle seines Glücks und er wird unglücklich. Die Eltern eines Kindes müssen also alles tun, damit das Kind nur Liebe bekommt und so sein Herz immer weiter öffnen kann. Nur ein geöffnetes liebendes Herz kann auf dieser Welt Erfolg haben. Ohne Liebe wird ein jeder Mensch zur wandelnden Leiche.

Ein Kind sollte artig und ehrlich, warmherzig und mitfühlend erzogen werden. Welchen Sinn hat es aber, ein guter Mensch zu sein? Dieses gilt für Kinder genauso wie für Erwachsene.

Ein Mensch sucht Liebe. Diese bekommt er, wenn er den Menschen in seiner Nähe Liebe gibt. Zwei Menschen verlieben sich ineinander, wenn die Liebe von einem Herz zum Herz des Partners fließt.

Wenn aber der Partner keine Liebe gibt, dann wird der andere unglücklich und verlässt ihn.

Eine Beziehung ohne Liebe ist unsinnig. Entweder ihr folgt dem Ruf eures Herzens nach Liebe, oder ihr folgt dem Ruf eures Körpers nach sinnlichen Genüssen durch Kontakte mit dem anderen Geschlecht.

Sinnliche Genüsse ohne Liebe sind vom Sinn her auf das Sinnliche ausgerichtet, aber die Sinne sind nicht das Herz. Das Herz ist auf die Liebe ausgerichtet, die Sinne sind nur dazu da, um die Liebe spüren zu können.

Wer also eine glückliche Beziehung mit einem Menschen führen will, der muss in der Lage sein, ihm Liebe zu geben. Wenn er seinem Partner Liebe gibt, dann kommt sie zurück.

Wenn er dieses nicht tut, dann kommt sie auch nicht zurück und die Beziehung zerbricht.

Egal, wo man auf Menschen trifft, hängt es davon ab, wie man ihnen begegnet, ob sie einen mögen oder nicht.

Die Menschen, die einem mit Hass, Ärger und Ablehnung begegnen, die mag man im Allgemeinen nicht besonders. Solchen Menschen hilft man nicht, wenn sie in der Nähe sind.

Wenn ein Arzt nicht mit Liebe behandelt, dann kommen Patienten auch nicht wieder. Kein Patient lässt sich gerne anpöbeln. Jeder Mensch geht pöbelnden Menschen aus dem Weg. Auch Menschen, die einen undurchsichtigen Eindruck machen, gehen die meisten Menschen aus dem Weg.

Kein Chef stellt jemanden ein, der einen unfreundlichen und bösen Eindruck macht. Es sei denn, der Chef ist selber so ein Mensch, dann sucht er natürlich seinesgleichen.

Aber im Allgemeinen, wenn man nicht versucht, auf dem kriminellen Wege Geld zu verdienen, dann ist Liebe, Offenheit und Herzenswärme nicht mehr aus dem Leben eines Menschen wegzudenken, welcher in seinem Leben Erfolg haben will.

Liebe kann man aber nur geben, wenn man ein offenes Herz hat. Das Herz aber lässt sich nicht einfach auf- und zuklappen wie der Deckel einer Kiste. Wenn das Herz verschlossen ist, dann ist es ganz schwierig, es wieder dazu zu bewegen, sich zu öffnen.

Durch solche Zustände entstehen Kriminelle. Diese Menschen haben ihr Herz verschlossen und so die Liebe aus ihrem Leben ausgegrenzt.

Wer die Liebe ausgrenzt, der handelt ohne sie. So kann er ganz schnell sehr viele böse Handlungen ausführen. Wer Liebe fühlt und diese in die Welt gibt, der ist glücklich, denn überall bekommt er die Liebe zurück, die er in die Welt gibt und zwar in doppelter und dreifacher Form.

Des Weiteren ist er auch glücklich, unabhängig von dem, was die anderen Menschen in seiner Nähe machen.

Wer reine selbstlose Liebe in die Welt gibt, der ist immer und zu jeder Zeit glücklich. Ich freue mich dann darüber und ich schenke dem liebenden Menschen ein glückliches Leben.

Wer glücklich sein möchte, der muss sein Herz öffnen. Lass die Liebe heraus, die in deinem Herzen verborgen ist. Lass sie heraus. Zeige sie mir, gib sie mir. Ich brauche sie. Jeder braucht sie. Jedes Wesen auf dieser Welt braucht Liebe. Gib sie in die Welt.

Du hast so viel Liebe in deinem Herzen. Lass die anderen Wesen daran teilhaben und du wirst ganz schnell sehen, wie du glücklich wirst durch die Liebe, die dein Herz verlässt und die in es hineinkommt. Du kommst mit dieser Liebe auf die Erde. Du hast ein vollkommen geöffnetes Herz. Erst später begegnen dir Dinge, die dazu führen, dass sich dein Herz wieder verschließt.

Du musst diese Dinge meiden, dann wird dein Herz auch weiterhin geöffnet bleiben.

Wenn Dinge auf das Herz einströmen, die es verschließen und diese Dinge regelmäßig auf das Herz einströmen, dann wird dieser Verschluss immer fester und fester.

Umso schwieriger ist es danach, ihn wieder zu öffnen.

Wir haben also festgestellt, dass es schlecht ist, wenn man ein verschlossenes Herz hat. Ärger, Wut, Hass, Eifersucht, Neid, Habgier, Stolz, Egoismus, Besessenheit, all diese Dinge verschließen das Herz. Hinzu kommt die Gewalt, die durch unzählige Filme und andere Medien, wie zum Beispiel Computer, in Richtung deines Herzens strömt.

Ein kleines Kind mag keine Gewalt, wenn es vor Filme gesetzt wird, in denen Gewalt dargestellt wird, dann mag es diese nicht, denn es spürt, dass es schlecht für sein Herz ist.

Viele Jugendliche behaupten, sie könnten brutale Filme ohne Probleme sehen. Menschen, die diese nicht vertragen, die werden verspottet und für zu weich gehalten.

Das ist schade, denn gerade diese Menschen vertragen diese Filme nicht, weil sie ein Herz haben, welches so weit geöffnet ist, dass es ihnen schaden würde, wenn diese Gewalt in ihr Herz gelangen würde.

Sie müssten also ihr Herz verschließen und dadurch einen Teil ihrer Liebe einbüßen. Natürlich wollen sie dies nicht.

Wer schlecht über andere Menschen spricht, wer raubt, wer verletzt, wer anderen Menschen irgendetwas Schlechtes antut, der muss sein Herz verschließen, um diese bösen Taten ausführen zu können.

Das ist das Problem. Das ist der Grund, warum ihr Gutes denken, Gutes sprechen und Gutes tun sollt.

Liebe ist Reinheit, ist Wahrheit, ist Aufrichtigkeit, ist rechtschaffenes Handeln mit dem Ziel, anderen zu helfen und niemandem zu schaden.

Wer so lebt, der lebt mit Liebe, der wird geliebt werden und der wird geschützt werden.

Weil ihr aber nicht so lebt, zerbrechen so viele Beziehungen in der heutigen Zeit. Der Partner berührt euch an der Stelle eures Herzens, wo ihr selber nicht mehr hinkommt, da ihr den Weg zu eurem Herzen verschlossen habt.

Wenn der Partner ein Herz hat, das deutlich weiter geöffnet ist als das eure, dann wollt ihr unbedingt in seiner Nähe sein, um seine Liebe zu spüren. Ihr müsst aber diese Liebe auch in euch selber entwickeln, denn was könnt ihr eurem Partner an Liebe geben, wenn ihr euer Herz verschließt, indem ihr eure Zeit mit gewalttätigen Medien verschwendet?

Eine Beziehung lebt nicht nur vom Nehmen, sondern sie lebt in erster Linie vom Geben.

Wenn ihr in jemanden verliebt seid, dann müsst ihr euch überlegen, ob ihr nur die Liebe jenes Menschen haben wollt oder ob ihr auch bereit seid ihm die eure zu geben. Nicht als Gegenleistung, sondern unabhängig davon, was der Partner euch gibt.

Liebt ihr einen gesunden Menschen und liebt ihr ihn dann nicht mehr, wenn er im Rollstuhl sitzt und er euch nicht mehr so viel geben kann, dann war eure Liebe keine selbstlose Liebe, sondern eine Liebe, die darauf aus war, gegeben zu werden, um die Liebe oder die körperliche Nähe des Partners zu erhalten.

Ihr wollt an die Liebe heran, die tief in eurem Herzen verborgen ist. Ihr müsst sie aber selbst freilegen. Ihr könnt nicht erwarten, dass euer Partner all die Steinplatten beseitigt, die ihr über euer Gewissen geschoben habt, um seine Signale nicht mehr zu hören, die es sendet, weil ihr Dinge getan habt, die ihr nicht tun dürft.

Dinge gegen euer Gewissen sind gegen euer Wesen. Das Wesen, welches Liebe, Geborgenheit und Schutz sucht und das Liebe, Geborgenheit und Schutz auch an andere abgeben möchte.

Ihr müsst euch also von allen schlechten Gewohnheiten trennen. Nur dann könnt ihr glücklich sein.

Dann könnt ihr eure ganze Liebe eurem Partner zur Verfügung stellen und auch seine ganze Liebe tief in eurem Herzen spüren.

Das muss den Kindern erzählt werden. Damit sie es einsehen und gar nicht erst anfangen sich schlechte Gewohnheiten anzugewöhnen. Gute Gewohnheiten bringen Gutes und schlechte Gewohnheiten bringen Schlechtes.

Das Fluchen und sich über alles und jeden aufzuregen, ist ja bei euch sehr weit verbreitet. Es ist schon normal, ständig brutale Filme zu konsumieren und sich einer Sprache zu bedienen, die eines Menschen völlig unwürdig ist.

Sprecht sanft, sprecht ruhig und mit Liebe. Sprecht nicht undeutliche, selbst erfundene Wörter, die als cool gelten. Dieses ›coolsein‹ ist bei euch sehr weit verbreitet. Es sollte eher in Mode sein, warm zu sein als kalt.

Wenn ihr sagt, ich labere nur rum, so würdet ihr es ausdrücken, dann solltet ihr euch ernsthaft überlegen, ob das, was ich sage, so falsch ist, wie ihr denkt.

Killer und Kriminelle sind eiskalt, Menschen, die viel Böses tun, Menschen, die kaum noch Liebe in ihrem Herzen haben, die sind eiskalt. Denn ohne Liebe wird ein jeder Mensch eiskalt.

Das ist schlimm und darf nicht als große Errungenschaft angesehen werden. Wenn jemand andere ohne eine Gefühlsregung schlägt und in der Lage ist, sich die brutalsten Filme ohne Schwierigkeiten anzusehen, dann ist er für euch cool.

Er lässt sich nicht von der Außenwelt berühren, scheint sich durch nichts aus der Ruhe bringen zu lassen.

Das denkt ihr, aber es ist nur ein Schein. Solche Menschen fahren aus der Haut, wenn nur einer ihnen sagt, dass ihre Kleidung nicht in Ordnung sei.

Jeder Mensch weigert sich, von seinem Inneren ausgehend, sich und sein Leben zu ruinieren. Das Unterbewusstsein weiß genau, wenn der Mensch etwas Falsches macht und versucht, dieses zu verhindern. Denn das Unterbewusstsein hat sein Wissen vom allwissenden Herzen.

So muss der Mensch sich mit aller Gewalt dagegen stemmen, um diesen Unsinn dennoch machen zu können. Dafür muss man dann cool sein.

Ihr misshandelt euren Körper, indem ihr ihn mit Alkohol zuschüttet und die ganze Nacht wach bleibt, um euch irgendwo völlig erschöpft in eine Ecke zu legen.

Viele von euch sind auch noch total von Hasch abhängig. Ich kenne Tausende, die behaupten, sie könnten jederzeit davon loskommen und sie schaffen es doch nicht.

Versucht nicht, mit dem Hasch dem unangenehmen Prozess der Selbstreinigung zu entkommen. Ihr müsst lernen, auch ohne Drogen ein glückliches Leben führen zu können, das geht nur, wenn ihr dem Weg folgt, den ich euch aufzeige.

Rauchen ist gesundheitsschädlich, ihr verpestet damit euren Körper. Mit welcher Rechtfertigung? Wo ist die Achtung vor dem Körper? Wo ist die Achtung vor dem Wesen?

Wenn ihr völlig unverständliche Wörter vor euch hin nuschelt und Kleidung trägt, die an allen Ecken und Enden viel zu lang ist, wie soll euch dann jemand achten und ernst nehmen?

Ihr solltet gepflegt sprechen, gepflegt gekleidet sein und euch auch einer anständigen Ausdrucksweise bedienen.

Habt genug Schlaf und misshandelt euren Körper nicht mit Alkohol.

Ihr sagt, ohne Alkohol einen Abend zu verbringen, sei langweilig. Ihr seid schon abhängig von Mitteln, die euch helfen fröhlich zu sein.

Wer ein liebendes Herz hat, der langweilt sich niemals, der strahlt Freude aus, wohin er geht. Der braucht keinen Alkohol, um glücklich zu sein. Ein Abend in der Disco ist irgendwann zu Ende. Jede Droge hört irgendwann auf zu wirken. Was ist aber mit der Zeit, in der man nicht in der Disco sitzt? Ihr ärgert euch über alles Mögliche, verbringt Stunden vor dem Fernseher und wisst nichts mit eurer Zeit anzufangen.

Die Wahrheit ist, dass ihr mit eurer Lebensweise total unglücklich seid.

Ihr seid tief in eurem Inneren unglücklich. Ich weiß es, Gott weiß alles. Ihr seid unglücklich und ihr habt nicht den Mut, euch von den schlechten Lebensgewohnheiten zu lösen. Weil ihr dann in der Gruppe einen schlechten Ruf bekommt.

Was ist dir wichtiger, dein Ruf in der Gruppe oder aber dein Glück? Warum bist du auf der Welt? Um zu lieben und um das herrlichste Glück auf dieser Welt spüren zu können.

Die Welt gibt mehr her, als du es dir erträumen kannst. Aber ihr stürzt euch auf primitive Lebensfreuden, wie sich in betrunkenem Zustand irgendwo aufzuhalten und seine Lebenszeit zu verschwenden.

Du brauchst eine klare Linie. Lebe in Wahrheit, in rechtschaffenem Handeln, in Liebe, in Gewaltlosigkeit und in Frieden. Das ist wichtig.

Lüge nicht, betrüge nicht, hilf anderen, hör auf dich immer über alles aufzuregen, sieh lieber das Positive in deinem Leben, als ständig das Schlechte zu sehen.

Pflege dich, sprich ruhig, ernähre dich gut, schlafe genug und das Wichtigste, sei einfach nur lieb.

Wenn du so handelst, dann bekommst du alles Glück von mir persönlich garantiert.

Ewige Gesundheit, eine herrliche Beziehung, einen schönen Arbeitsplatz, der dir Spaß macht und im Ganzen ein herrliches Leben ohne Probleme.

Diese Welt wurde als ein Paradies für Menschen geschaffen. Das Ziel dieser Welt ist, dass die Menschen jede Sekunde ihres Lebens genießen und immer glücklich und zufrieden sind.

Das hängt aber nicht vom Zufall ab. Du hast es in deiner Hand.

Entweder du nimmst meine Hilfe an, oder du gehst auf deinem Weg weiter, so lange, bis du gegen eine Mauer läufst.

Folge dem Ruf deines Herzens und gehe den guten Weg. Lass dich nicht von Menschen beeinflussen, die dir falsche Dinge erzählen. Wer sich mit Gott verbündet, der wird ein herrliches Leben führen, wer dieses nicht tut, der darf sich auch nicht beschweren, dass er ein Leben hat, in dem er sehr viel leiden muss.

Es gibt zwei Wege, den barfuß über die glühenden Kohlen oder aber den mit Schuhen über den Teppich aus weicher Wolle.

Ihr lauft auf dem Weg mit den Kohlen, wenn ihr so negativ lebt, wie ich es oben beschrieben habe. Ich komme und sage dir: ›Verlasse diesen Weg und gehe auf dem Weg aus Wolle.‹ Ich führe dich dorthin und bin immer an deiner Seite.

Wenn du jetzt ablehnst, meinen Weg des Guten im Handeln

und Denken zu gehen, dann gehst du eben deinen Weg weiter, aber du wirst dir die Füße verbrennen. Das kann und wird sehr schmerzhaft sein.

Wenn du das willst, dann tue dies, du wirst irgendwann so sehr leiden, dass du diesen Weg wieder verlassen wirst. Ich rate dir nur, diesen Weg vorher schon zu verlassen, bevor du dich verbrennst.

Willst du erst deine Hand ins Feuer halten, um zu wissen, ob es dich verletzen wird oder nicht? Lass es lieber gleich sein.

Ich liebe euch Menschen. Ich werde nicht länger zulassen, dass ihr auf diesem Weg geht.

Da ihr aber aus Unwissenheit diesem Weg folgt, weil ihr denkt, er sei der richtige für euch, muss ich euch von diesem Weg abbringen.

Ich habe dieses über 2000 Jahre versucht, aber kaum jemand hat sich von seinem Weg abbringen lassen. Deswegen werde ich euch jetzt in meiner menschlichen Form zum Glück führen.

Meine Liebe ist so groß, dass ihr gar nichts anderes tun könnt, als mir zu folgen. Möchtest du der größten Liebe des Universums nicht folgen? Möchtest du dem, der dich mehr liebt, als du dir vorstellen kannst, nicht vertrauen? Möchtest du lieber deinen Ängsten und Zweifeln vertrauen und dem, was dir die anderen Leute raten, die selbst keine Ahnung haben, was gut für sie oder für dich ist?

Vertraue mir, denn ich schuf diese Welt und ich bin Herr über alle wirkenden Kräfte auf dieser Welt. Vertraue mir, denn ich kann dich vor allem Unglück bewahren.

Folge nur meinem Rat. Tue Gutes. Lebe in Liebe. Achte die Schöpfung. Vertraue deinem Herzen, das mich kennt.

Dein Herz lässt sich nicht mehr lange täuschen. Höre auf dein Herz, lebe in Liebe und sei glücklich. Vertraue dich mir an und sei sicher, ich werde dich retten und dich von allem Unglück bewahren.

Vertraust du dich mir nicht an, dann werde ich dich trotzdem retten. Ich werde dir dann so viel Liebe in dein ängstliches Herz geben, dass du erkennst, dass ich der Herr bin, der nur das Ziel hat, dich glücklich zu sehen. Ich erreiche dieses Ziel.

Vertraue mir. Sei glücklich. Lebe in Frieden.

Der Herr wird sich um jedes Lebewesen persönlich kümmern. Meine Herrlichkeit ist unerklärlich und unergründlich, aber dennoch existiert sie.

Jeder Mensch kann sich glücklich schätzen, dass er in dieser Zeit leben kann und miterleben kann, wie der Herr die ganze Welt umgestaltet. Freue dich, Mensch, ich werde euch alle retten und die Welt in einen Planeten von Freude und Liebe verwandeln.

Ich will es so, deshalb wird es auch geschehen. Gottes Wille geschieht immer. Vertraue deinem dich liebenden Vater Gott.«

FRAGEN UND ANTWORTEN

Jonas: »Gott, du bist ein herrliches Wesen, was genau bist du?«

Shakimha: »Ich bin ein liebes und liebendes Wesen, welches immer nur Liebe geben kann. Ich bin nicht erklärbar, aber ich bin dennoch vorhanden. Ich habe euch und diese Welt geschaffen, weil ich euch liebe.

Ich bin Liebe, die höchste, herrlichste Liebe.

Das ist alles, was ihr Menschen von mir verstehen könnt. Wenn du aber versuchst mich zu verstehen, dann frage dich warum.

Hast du kein Vertrauen in mich, dass du mich erst verstehen möchtest, bevor du mir vertraust? Liebe kann nicht verstanden und erklärt werden, sondern sie kann nur gefühlt werden.

Frage nicht, warum ich liebe. Fühle die Liebe und sei glücklich. Ich bin schon immer gewesen.

Ich habe weder Anfang noch Ende, ich bin nichts, was durch irgendwelche Worte beschrieben werden könnte.

Wenn jemand mich verstehen will, dann muss er zuerst anfangen, sich selbst zu verstehen. Wenn er dieses geschafft hat, dann kann er damit beginnen, zu versuchen, mich zu verstehen.

Ihr seid ein Teil von mir. Ihr müsst dieses fühlen und verstehen.

Wenn ihr erkannt habt, dass ihr ein Teil Gottes seid und wenn ihr in der Lage seid, all eure Herrlichkeit zu spüren und in ihr Gott zu erkennen, dann könnt ihr anfangen, meine gesamte Herrlichkeit verstehen zu wollen.

Ich habe ja schon einmal gesagt, alles bin ich, auch du.

Wer ein Buch lesen möchte, der muss zuerst lesen lernen. Wer mich verstehen möchte, der muss zuerst sich selbst als Teil Gottes erkennen und dementsprechend leben.

Wenn er dieses tut, dann wird er all seine Fähigkeiten entwickeln, die er braucht, um mich zu verstehen.

Lebt so, wie ich in meiner menschlichen Form lebe. Lebt in Liebe, in Rechtschaffenheit, in Friede und in Gewaltlosigkeit.

Aber niemals kann ein Mensch mich mit seinem Denken verstehen. Er kann mich nur mit seinem Herzen erfassen. Liebe spürt man, Liebe denkt man nicht.

Wenn jemand den ganzen Tag darüber nachdenkt, wie es wohl ist, verliebt zu sein und er dann Bücher liest, in denen verschiedene Menschen beschreiben, was sie fühlen, wenn sie verliebt sind, dann wird er sich deswegen trotzdem nicht vorstellen können, wie schön Liebe wirklich ist.

Also, gib es auf, mich mit dem Denken erklären zu wollen. Wenn der Mensch nicht einmal in der Lage ist, sein Leben richtig in den Griff zu bekommen, dann ist er auch nicht dazu in der Lage, das Richtige zu denken und es auch in die Tat umzusetzen, geschweige denn, mich zu verstehen.

Er sollte zuerst das zu verstehen versuchen, was er verstehen kann.

Nämlich, dass die ganze Welt herrlich ist und dass nur bedin-

gungslose Liebe zu Gott einem jeden Wesen das höchste Glück
zuteil werden lassen kann.

Ein Mensch möchte immer alles verstehen, das muss er gar nicht.
Du möchtest glücklich sein und geliebt werden. Nichts anderes
möchtest du.

Du benutzt ein Auto und du musst trotzdem nicht wissen, wie
es funktioniert. Ich tue so viele Dinge gleichzeitig und ich beachte
so viel, das könntest du gar nicht alles, auch nicht einen Bruchteil
davon, erfassen.«

Jonas: »Lieber Herr, können wir denn verstehen, wie du auf
dieser Erde wirkst?«

Shakimha: »Selbstverständlich könnt ihr das. Das ist ja gerade
das, welches die Religionen allen Menschen zu vermitteln versuchen.

Bevor ich dir aber erkläre, wie ich auf dieser Erde wirke, erzähle ich dir eine Geschichte.

Es kam einst ein Mädchen auf die Welt, welches sich gleich sehr
stark dafür interessierte herauszufinden, nach welchen Regeln
diese Welt wohl funktionieren würde. Es dachte, Gott müsste
doch irgendwie eine Art Bedienungsanleitung hinterlassen haben. Wenn er diese Welt schuf, dann muss er doch wohl auch
den Menschen mitgeteilt haben, wie man hier, auf dieser Welt,
glücklich werden kann.

Also machte sie sich auf die Suche, um diese Anleitung zu finden. Zuerst fragte sie einen christlichen Pastor, welcher ihr die
Bibel gab. Sie las die zehn Gebote und diese gefielen ihr sehr.

Sie las aber auch von einem strafenden Gott und von Steini-
gungen und bösen, furchtbaren Strafen. Dann las sie über Christus, der als Gottes Sohn bezeichnet wurde. Christus hat sehr viel
Gutes getan und sehr viel Gutes gesagt.

Sie las sich jede Geschichte aufmerksam durch und sie kam zu
dem Schluss, dass die wichtigste Lehre, welche Christus lehrte,

war, allen Menschen Liebe zu geben. Er gab jedem Menschen Liebe und riet allen Menschen, mit Liebe und mit Vertrauen zu Gott sein Leben zu führen.

Das war für sie ganz einfach zu verstehen und sie wunderte sich, warum so viele Menschen sich über Aussagen und Inhalt der Bibel stritten. Sie las dann auch den Koran und auch dort fand sie die Aussage wieder, dass man Gott lieben sollte und sein ganzes Leben nach dem Willen des Herrn führen sollte. Auch im Hinduismus, im Buddhismus und im Judentum fand sie die gleiche Aussage wieder.

So erkannte sie, dass alle Religionen in ihrem Grundgehalt das Gleiche sagen.

Also kam sie zu dem Schluss, dass sie sich alle gar nicht streiten müssten, da sie im Grunde alle eins sind.

So wusste sie nun den richtigen Weg, um glücklich zu werden. Allem nur mit Liebe zu begegnen und auf sein Gewissen zu hören.

Das Gewissen ist nämlich der Wegweiser, welcher einem immer sagt, wann man vom richtigen Weg abkommt. Tut man etwas Schlechtes, dann hat man ein schlechtes Gewissen, tut man etwas Gutes, dann hat man ein reines und unbelastetes Gewissen.

Leben in Reinheit und ohne Belastung ist herrlich. Leben in Falschheit und mit Belastung ist nicht herrlich. Ihr tragt schwer an allem, welches ihr auf euer Gewissen ladet. Befreit euch von der schlechten Last, werdet frei und werdet glücklich.

Wenn es dir schlecht geht, dann musst du irgendwie mit Schlechtem in Berührung gekommen sein. Entweder du selbst verbreitest es, oder aber andere in deiner Gegenwart verbreiten es.

Wenn du es selbst verbreitest, dann solltest du alles tun, um dieses schnellstmöglich zu unterlassen. Wenn andere es tun, dann solltest du versuchen, sie dazu zu bewegen, dieses zu unterlassen. Wenn dir dieses zu gefährlich oder nicht möglich ist, dann lass es und verlasse die Gegenwart solcher Menschen. Auch wenn du dadurch gegen den Gruppenzwang handelst.

Du musst nicht leben, wie die anderen leben.

Du bist der, welcher lebt. Du fühlst die Schmerzen oder das Glück, welches du dir erarbeitest. Wenn die anderen nicht den guten Weg einschlagen wollen, dann schlage du ihn trotzdem ein und löse dich, wenn nötig, von den anderen.

Gehst du den guten Weg, dann findest du das Glück, welches du schon so lange gesucht hast.

Nur um in der Gruppe anerkannt zu werden, brauchst du nicht die schlechten Angewohnheiten deiner Gruppenmitglieder zu kopieren.

Willst du Anerkennung nur, weil du genauso bist wie die anderen?

Wenn du ein guter und liebevoller Mensch bist, der nach gerechten und liebevollen Idealen handelt, dann zollen dir die anderen Menschen Anerkennung.

Erwirb dir Respekt und Achtung, indem du ein guter und liebevoller Mensch bist.

Wenn du es schaffst zu wissen, welchen Weg du gehen musst und ihn dann auch noch gehst, dann kannst du dich doppelt freuen, denn dann bist du den anderen in deiner Gruppe einen großen Schritt voraus.

Du musst die Verantwortung für dein Leben übernehmen und sie selber tragen. Außerdem musst du auch die Konsequenzen deiner Handlungen selber tragen. Überlege dir genau, was du tust.

Du musst das ungezügelte, rücksichtslose Leben dem anständigen und geordneten Leben opfern. Es scheint dir ein Verlust zu sein, es ist aber keiner.

Wenn du auf dieser Welt wirklich glücklich werden willst, dann musst du dir dieses Glück auch verdienen. Ein Mensch kommt auf die Welt und hat die Aufgabe, zwischen Gut und Böse zu unterscheiden.

Er muss sich gute Angewohnheiten angewöhnen und sich von den schlechten trennen, nur dann kann er wirklich glücklich werden.

Das Glück, von dem ich spreche, ist stärker und wunderbarer, als du es dir vorstellen kannst. Aber um dir zu zeigen, was dich erwartet, kannst du mich in der Zukunft einmal bitten, eine Minute etwas von diesem Glück spüren zu können. Du musst dann nur folgendes Gebet sprechen:

›Lieber Herr, ich bitte dich aus ganzem Herzen mir eine Minute zu schenken, in der ich die Herrlichkeit spüren kann, die mich erwarten wird, wenn ich mein ganzes Leben nur auf das Gute ausrichte.‹

Wenn du dies tust, dann kannst du dir sicher sein, dass du dieses Glück spüren wirst. Aber du kannst es nur einmal machen. Danach funktioniert es nicht mehr. Dann musst du es dir selber erarbeiten.

Das Glück, welches du spüren wirst, ist aber noch in unendlichem Maße steigerbar. Du kannst es aber nur bis zu einer bestimmten Stärke aushalten, diese Stärke spürst du, wenn du dieses Gebet sprichst. Es wird funktionieren, weil ich Gott bin und weil ich es dir verspreche.

Probiere es aus, dir kann nichts passieren. Wo immer du an mich denkst, da werde ich mich in deinem Herzen umherbewegen und dorthin schleichen, wo du dich nach mir sehnst. Ich werde in die entlegenste Ecke deines Herzens vordringen und alle Abgründe und Ängste, die du in deinem Herzen hast, beseitigen.

Ich bin der, welcher deine Tränen trocknet und sie dann in Tränen der Freude verwandelt. Ich bin der Einzige, der dich immer lieben wird, egal, wie du aussiehst, egal, was du machst, selbst wenn du der grausamste Mörder bist, ich liebe dich.

Du bist mein Kind und ich werde für dich sorgen. Lege dich in meine Arme und schließe deine Augen, höre das Lied, mit dem ich dich in den Schlaf singe.

Oh lieber Mensch, ich liebe dich.
Oh lieber Mensch, du bist mein Kind.

Oh lieber Mensch, vergiss niemals, dass alles meine Liebe ist.
Oh lieber Mensch, erinnere dich, dass ich dich einst erschuf.
Oh lieber Mensch, vergiss deinen Vater nicht.
Dein Vater liebt dich so sehr.
Er wünscht sich deine Liebe.
Öffne ihm dein Herz.
Öffne ihm dein Herz.
Reiche ihm deinen Schmerz, er nimmt ihn mit sich fort.
Er liebt dich, oh lieber Mensch.
Er ist immer bei dir, alles, was dich von ihm trennt, mein Kind, das liegt in dir.
Die Platten, die uns trennen, die werden bald verbrennen.
Die Schmerzen, die du fühlst, die werden bald versiegen.
Ich werde dich in meinen Armen mit ewiger Liebe wiegen.

Schließe in der Zukunft die Augen und denke: ›Bitte, Shakimha, zeige dich mir, der du in meinem Herzen wohnst‹, und du wirst sehen, ich werde mich dir zeigen.

Bald wird die Welt mich sehen. Die Tränen werden versiegen. Der Herr wird regieren. Die Herrlichkeit wird in einem jeden Herzen erblühen. Weil ich der Herr bin und weil ich es beschlossen habe.

Ein neues Zeitalter wird anbrechen, das Zeitalter der Liebe. Niemand wird es verhindern können, freue dich, der Herr ist da und er wird die Krise abwenden, welche über die Welt hereingebrochen ist.

Ihr Menschen schätzt mich als so groß ein, dass ich mich euch niemals zeigen könnte. Ich bin aber euer Vater, ihr seid nicht irgendwelche kleinen Menschen, die kaum etwas auf die Beine stellen können.

Ihr seid meine Kinder, deswegen habt ihr ein Anrecht auf meine Liebe. Ihr müsst nur damit aufhören, ständig alles zu tun, was verhindert, dass ich euch meine Liebe geben kann.

Sie kommt immer zu euch durch, entweder ihr lasst sie in euer

Herz oder aber ihr schiebt Platten über euer Herz. Dann kommt sie nicht hinein.

Nur weil das, was ich hier sage, nicht in der Kirche gelehrt wird, heißt das auch nicht, dass ich nicht die Wahrheit spreche. Wenn die Priester das lehren würden, was ich sage, dann müsste ich nicht in menschlicher Form auf die Erde kommen, um hier die Welt vor dem Untergang zu bewahren.

Achtet meine Worte.

Wenn ihr sie missachtet, dann werde ich euch später, wenn ihr euch im Leid an mich wendet, sagen: Warum hast du meine Worte missachtet, die dich zum Glück führen sollten?

Warum hast du mir nicht vertraut?

Warum vertraust du mehr deinen Ängsten als deinem dich liebenden Vater?

Achtet meinen Weg und folgt ihm, nur so könnt ihr glücklich werden, nur so und nicht anders. Jedes Herz wird von mir mit Liebe gefüllt werden, egal, wie verschlossen es sein mag. Kein Schloss der Welt kann meine Liebe davon abhalten, dich in einen Menschen zu verwandeln, der sicher und glücklich in absolutem Frieden sein Leben führt.

Ich werde meine Mission erfolgreich erfüllen. Ich habe diese Welt geschaffen und ich habe sie lange genug in eurer Hand gelassen.

Wie ihr seht, seid ihr nicht in der Lage gewesen eine herrliche Welt zu erschaffen. Die Welt ist im Chaos versunken.

Schätzt euch glücklich und freut euch, dass ich nun gekommen bin, um euch alle zu retten.

Ich spreche aber auch eine deutliche Warnung aus!

Wer versucht, sich gegen mich zu stellen, der muss mit harten Schlägen rechnen. Ich bestrafe euch nicht mit diesen Schlägen, ich muss euch nur wieder auf den richtigen Weg zurückführen, wenn ihr so weit von ihm abgekommen seid, dass ihr anfangt euch gegen den zu stellen, der alles tut, damit ihr ein glückliches Leben führen könnt.

Ich tue alles nur für euch, ich tue nichts für mich. Ich bin immer und ewig glücklich, dafür brauche ich nichts zu tun. Ich lasse mich nicht aufhalten und ich schätze es nicht, wenn jemand versucht, sich gegen mich zu stellen.

Starke Schläge sind nötig, um den Menschen die Augen zu öffnen. Wenn jemand auf der falschen Bahn ist, dann muss er mit einem starken Tritt wieder auf die richtige Bahn zurückgebracht werden.

Ich bestrafe euch nicht, ihr bestraft euch selber. Ich konfrontiere euch mit allem, was ihr in euer Leben gebt.

Wenn ein Mensch sein Haus mit Müll anfüllt, dann muss er auch mit dem Müll leben und damit zurechtkommen, dass er überall in seinem Haus diesem Müll begegnen wird. Wenn also jemand Müll in sein Leben gibt, dann wird ihm dieser Müll auch wieder begegnen. Das ist gerecht.

Die Menschen, die Gutes in die Welt geben, die bekommen Gutes wieder und die Menschen, welche Schlechtes in die Welt geben, die werden so lange mit ihrem Schlechten konfrontiert, bis sie sich auf den Pfad des Guten begeben.

Sehr häufig bekommen sie es auch auf die gleiche Art und Weise zu spüren, wie sie es den anderen Menschen angetan haben. Wenn jemand dauerhaft andere schlägt, dann muss er selber geschlagen werden, damit er merkt, dass er so etwas keinem anderen zumuten kann.

Ihr Menschen seid nicht einfach nur irgendwelche Wesen, die ein Gehirn haben, in dem all eure Informationen gespeichert sind.

Ihr selbst seid die unsterbliche Seele. Ihr seid ein Teil von mir. Du bist ein Teil von mir. Ich bin unsterblich, also sind alle Teile von mir ebenfalls unsterblich. Das, was stirbt, ist euer Körper, aber nicht ihr selbst. Ihr seid die unsterbliche Seele.

Es ist ganz einfach. Jede Seele hat eine bestimmte Entwicklung zurückzulegen.

Eine Seele kommt auf die Welt und wenn dann der Körper stirbt, dann kommt sie wieder zu Gott und fühlt sich wunderbar, sie darf dort aber nicht ewig bleiben. Sie muss irgendwann wieder auf die Erde zurück. Das hängt ganz davon ab, wie viele gute Taten sie auf der Erde vollbracht hat.

Das Ziel der Seele ist es also, nicht mehr wiedergeboren zu werden, um so ewig bei Gott bleiben zu können.

Ihr könnt euch nicht mehr an eure früheren Leben erinnern, insofern ist es richtig, wenn ihr sagt, das hat für mich keine Bedeutung.

Es hat durchaus für euch eine Bedeutung. Jedes Mal, wenn ihr wiedergeboren werdet, vergesst ihr alles aus eurem vorherigen Leben.

Aber es hat trotzdem Auswirkungen auf euer jetziges Leben. Denn je nachdem, wie ihr in eurem früheren Leben gelebt habt, so wird euch das jetzige begegnen.

Ein Vergewaltiger wird vielleicht in seinem nächsten Leben ein liebes Mädchen und wird dann genauso vergewaltigt, wie er in einem vorherigen Leben ein anderes Mädchen vergewaltigt hat. Er war zwar in diesem Leben unschuldig, aber die Schuld aus dem letzten Leben lastet noch auf ihm.

Vieles wird vergeben, vieles muss aber auch abgearbeitet werden. Also denkt nicht, alle Menschen, die leiden, haben in ihrem früheren Leben irgendwelche Verbrechen begangen.

Es stimmt zwar, dass alles auf der Welt eine Ursache hat, aber ihr könnt dieses nicht überblicken und deshalb solltet ihr nicht so denken.

Wichtig ist aber, dass ihr mich bittet, euch all eure Schuld aus den früheren Leben zu nehmen. Wenn ich das tue, dann wird eure mögliche Schuld aus früheren Leben getilgt.

Es ist wichtig zu wissen, dass nur Liebe mich dazu bewegen kann, euch zu helfen, überhaupt irgendwem zu helfen.

Ich möchte nur eure Liebe, nichts anderes.

Wenn ihr mich bittet, ich möge euch alle Taten aus allen früheren Leben und aus dem jetzigen vergeben, dann werde ich dieses tun.

Das ist sehr wichtig, dass ihr das tut, damit ihr keine bösen Überraschungen erlebt. Alles auf dieser Welt läuft nach bestimmten Regeln, hier ist nichts einfach zufällig. Deswegen heißt es, irgendetwas sei ein Zufall, weil es einem zufällt. Jedem fällt das zu, was er verdient hat. Insofern sind eure Handlungen dafür verantwortlich, was euch zufällt.

Jeder Mensch hat in seinem Leben vieles zu lernen. Ein Mensch beginnt häufig nur damit seine Lebensweise zu verändern, wenn ihm Unglück widerfährt. Dann muss er, durch das Unglück angetrieben, sein Leben verändern.

Alles Unglück, welches euch zustößt, bleibt so lange Unglück, bis ihr daraus gelernt habt und dann glücklich seid, dass ihr dieses Unglück bewältigt habt. Ihr müsst widerstandsfähig gegen jegliche Art von Problemen werden. Ihr werdet so lange Probleme bekommen, bis ihr widerstandsfähig gegen jegliche Art von Problemen seid.

Das Leben lehrt euch alles, was ihr wissen müsst. Ihr müsst nur sehr genau darauf achten, was um euch herum passiert und was es euch sagen kann.

Das ist ein Kontakt zu Gott. Gott hilft euch, euch durch das Leben weiterzuentwickeln und euch glücklich zu machen. Ihr müsst aber eure Augen aufmachen und ganz deutlich beobachten, was euch in eurem Leben entgegentritt.

Beachte meine Worte, lieber Jonas.

Auch die Atheisten sollten vorsichtig sein. Ich bin eben vorhanden, ganz egal, ob ihr an mich glaubt oder nicht.

Euer Leben liegt in meinen Händen. Wenn ihr mich ständig verleugnet, dann seht ihr meine Herrlichkeit nicht und ihr könnt euch nicht daran erfreuen. Das ist sehr schade für euch. Aber auch euch werde ich die Augen öffnen.

Meine Liebe ist so groß, dass niemand vergessen wird. Jeder

wird glücklich werden. Sei glücklich und liebevoll und du wirst alles Glück dieser Welt besitzen.

Und das Feuer der Liebe brennt. Es brennt in dem Herzen und seine Flammen schlagen bis in alle Ecken.

Der Mensch erkennt endlich, dass er geschaffen wurde, um zu lieben. So ist er glücklich und zufrieden.«

Weinen im Angesicht des Herrn

*E*s gefällt mir sehr, wenn die Menschen weinen, nachdem sie mich erblickt haben. Die Persönlichkeit des Menschen ist sein Ich.

Ich will, ich bin, ich besitze, ich habe geleistet, ich erwarte, ich halte mich für, ich weiß genau, was für mich richtig ist.

Ihr Menschen baut euch Häuser aus Beton. Auch um euer Herz.

Einmal kam ein Atheist hierher, um mich zu besuchen. Er wollte mich entlarven. Er glaubte, den Herrn entlarven zu können. Sein ganzes Leben lang hat er nur über die Kirche gelacht und er hat immer seinen totalen Atheismus betont.

Er kam hier an und dachte, er würde sich durch gar nichts beeindrucken lassen.

Ständig kommen hier Menschen an, die sich durch ihr Ego aufplustern. Diejenigen, die behaupten, sie bräuchten Gott nicht, die setzen sich hier hin, schließen die Augen und meinen, alles sei Humbug.

Dann aber kommt der Herr und öffnet ihnen die Augen.

Mich stört nicht, wie viel Beton sie vor und um ihr Herz herum gelagert haben. Ich komme durch alles hindurch. Ich berühre sie an dem tiefsten Punkt in ihrem Herzen, dort, wo nur Gott sie berühren kann. Dann erkennen sie mich, dann ist ihnen alles egal, was sie vorher geglaubt haben und sie beginnen zu weinen.

Ich kann jeden dort berühren, wo niemand sonst einen Menschen berühren kann. Da hat das Ego keine Macht mehr. Auch das Denken setzt dort aus.

Zu erkennen, dass der Herr vor euch steht, ist eines der größten Geschenke, welche ihr hier auf dieser Welt erhalten könnt. Ich habe euch erschaffen. Die Erinnerung, wie ich bin und wie ihr mich erkennt, ist ganz tief in eurem Unterbewusstsein gespeichert. Dort ist die Erinnerung in einem jeden Menschen vorhanden. Wenn ihr mich hier seht, dann erinnert ihr euch wieder.

Es hat also keinen Sinn, zu behaupten, das sei alles Unsinn, dass der Herr auf der Erde ist.

Wer mir nicht gegenübergestanden hat, der kann niemals nachvollziehen, wie ich die Menschen hier verändere und mit wie viel Liebe ich sie hier ausstatte.

Wenn die Menschen hier beginnen zu weinen, öffnen sie mir ihr Herz und reichen mir ihren Schmerz dar.

Das ist sehr gut. So kann ich dann mit meiner Liebe in deren Herz kriechen und dort die Wunden heilen. Ich heile die Wunden und gebe Kraft.

Ich stütze die Menschen und mache ihnen Mut in allen Lebenssituationen. Ich heile die Menschen, die heulend am Boden liegen, weil ich ihre einzige Hoffnung bin. Nur ich habe die Macht jede Krankheit zu heilen.

Ich besitze die Liebe, die du schon dein ganzes Leben lang suchst. Nur ich kann sie dir zugänglich machen. Eine glückliche Beziehung funktioniert nur, wenn Gott die beiden Menschen unterstützt.

Ich bin hier die Macht. Die Macht, die euch liebt und trägt. Niemand kann mir etwas anhaben. Ich bin nicht hier, um euch zu strafen. Ich bin die Liebe, welche Mensch geworden ist, um euch Menschen zu helfen, zu führen und zu trösten.

So kommt dann zu mir und erfahrt hier die Herrlichkeit und die Liebe des Herrn.

Ich liebe dich, Mensch. Ich werde dir diese Liebe geben. Wer du auch bist, wo du auch bist.

Du bist wertvoll, sehr wertvoll. Jeder Mensch auf dieser Welt ist sehr wertvoll.

Jeder hat das Recht, ein herrliches Leben zu führen.

Ich möchte, dass du glücklich bist, so dass dir Tränen der Freude über dein liebevolles Gesicht laufen. Denke nicht, dass ich dich vergesse. Ich vergesse dich nie. Ich bin immer bei dir.

Ich gehe mit dir durch dick und dünn. Selbst wenn du im Gefängnis sitzt, ich liebe dich und ich bin immer für dich da.

Das ist Gottes Liebe. Sie umschließt jeden so wunderbar, dass er sich sicher und geborgen fühlen kann.

Ich habe die Allmacht, dir alles zu geben, was du dir wünschst. Vertraue mir und gehe den Weg des Guten.

Liebe die Welt und hilf allen Menschen in deiner Nähe, die Hilfe brauchen. Hilf und liebe. Nutze deine Zeit, um andere glücklich zu machen.

Sei sicher, Gott wird immer bei dir sein.«

Ruf nach Liebe

Lehne dich zurück und entspanne dich. Fühle in dein Herz. Was befindet sich dort? Deine Liebe.

Wo ist deine Liebe? Tief in deinem Herzen.

Weißt du, was ich jetzt mache? Ich zeige dir die Herrlichkeit, welche in deinem Herzen verborgen ist. Sei sicher, du wirst mich bemerken. Ich bin dort.

Ich liebe dich und ich möchte, dass du mich dort entdeckst. Fühle deine Liebe. Spüre mich in deinem Herzen.

Sei glücklich. Vertraue mir. Ich helfe dir.

Sprich in deinen Gedanken:

Und ich liebe meine Liebe. Und ich bin ein wertvoller Mensch.

Meine Liebe ist meine Kraft. Meine Liebe ist meine Stärke. Meine Liebe wird mich führen. Meine Liebe wird mich leiten. Meine Liebe gebe ich den Menschen und den Tieren.

Ich freue mich, dass ich Liebe besitze. Wie herrlich und wie schön. Lieben ist so wunderbar.

Glaube an sie. Verschließe dich nicht. Öffne dein Herz für Gottes Liebe. Lass mich dich in meiner Liebe baden.

Meine Liebe säubert und reinigt dich von jeglichem Schmutz. Ich nehme den Schmerz und gebe Hoffnung. Ich nehme das Leiden und gebe Freude. Ich gebe Liebe und ich werde immer Liebe geben.

In deinem Herzen wohne ich und ich werde dir immer Liebe geben.

Spüre sie, genieße sie und sei glücklich. Ich bin dein Vater, ich bin deine Kraft. Ich bin deine Stütze, die Kraft, die dich mit dem ewigen Strom göttlicher Liebe verbindet. Ich bin hier, um dich in Liebe einzuhüllen.

Du sollst dich warm und sicher in meinen Armen fühlen.

Wenn die Sonne scheint und die Strahlen deine Haut berühren und du mich liebst, wenn der Wind sanft deine Haare und dein Gesicht streichelt und du mich liebst, wenn jemand kommt und dir ein Lächeln schenkt und du mich liebst, wenn du eine Träne der Freude weinst und du mich liebst, dann wirst du erkennen, dass die Liebe zu Gott die Stütze ist, nach der du dich immer und ewig gesehnt hast.

Ich bin dein Freund, dein Partner, deine Stütze, dein Ein und Alles. Ich wohne in jedem Herzen. Ich bin der Herr über Probleme und Krankheiten, über Erfolg und Misserfolg. Ich entscheide, wer leidet und wer glücklich ist. Ich bin derjenige, der die Liebe in den Herzen der Menschen zu einem großen Feuer entfacht.

Dieses Feuer brennt in euren Herzen und ihr möchtet diese Liebe in die Welt geben. Ich bin da, ich nehme sie an.

Ich freue mich über diese Liebe. Gib sie mir. Ich liebe dich. Ich werde alles tun, damit du endlich merkst, dass ich schon seit deiner Existenz an deiner Seite stehe. Ich bin in dem Herzen eines jeden Menschen.

Wenn mich dort Liebe erreicht, dann bin ich glücklich, dann ist der Mensch glücklich und er wird dir mit Liebe begegnen. Das was du säst, das wirst du ernten. Säst du Liebe, wirst du sie auch ernten. In doppelter und dreifacher Form.

Ich kenne dich, ich kenne deine Wünsche, ich kenne dich besser, als du dich kennst. Ich bin dein Schöpfer.

Ich weiß, dass du glücklich sein möchtest.

Die Erklärung, dass Gott überall ist, nützt euch nicht viel. Natürlich nicht. Ihr müsst mich zum Greifen nahe spüren.

Ihr müsst mich sehen können, meine Liebe spüren können und euch mit mir unterhalten können. Nur aus menschlicher Form kann der Mensch Belehrung erhalten. Der Mensch muss den Herrn in menschlicher Form sehen.

Dann hat er ein Bild von Gott, welches er verehren kann und welchem er folgen kann. Deswegen bin ich hier. Ihr könnt mich sehen und ich spreche zu euch. Ich verhalte mich wie ihr, damit ihr euch nicht fürchtet.

Ich bin nicht nur Luft und alles auf der Welt. Ich habe eine Form. Meine Form ist Liebe. Ich bin eine Verkörperung der Liebe. Ihr alle seid Verkörperungen der Liebe, aber ihr habt es vergessen. Ihr lebt nicht gemäß eurer Natur.

Ich bin hier. Besuche mich, sieh mich und werde glücklich. Gott ist auf der Erde. Ich bin es wirklich. Ich bin, wie ich bin. Lieb und verständnisvoll.

Ich bin so, wie ich bin. Ich bin nicht so, wie es überall in den Büchern steht. Ebenso ist mein Wille nicht der, welchen die Priester lehren. Mein Wille ist, dass ihr euch liebt.

Ich möchte, dass die ganze Welt als eine Einheit friedlich und in Liebe zusammenleben kann. Ich möchte keine Opfer von Tie-

ren, ich möchte nicht, dass ihr fastet und ich möchte auch nicht, dass Menschen in meinem Namen umgebracht werden.

Denkst du wirklich, Gott kann nicht als Mensch auf die Erde kommen? Denkst du vielleicht sogar, ich existiere nicht? Jeder wird eines Tages merken, dass ich durchaus existiere.

Gott ist auf der Welt. Genießt es. Ihr werdet alle glücklich werden. Freut euch. Schon bald werde ich mich zeigen.

Ich werde meine Kraft nutzen und der Welt zeigen, dass der Herr gekommen ist, um euch alle zu retten. Die Welt steht am Abgrund. Euer kapitalistisches Wirtschaftssystem hat euch ruiniert. Die Arbeitslosenzahlen steigen ins Unermessliche. Ihr habt kaum noch irgendeine Kontrolle über diese Welt.

Wenn ich nicht schon seit über 70 Jahren hier wäre, dann wäre die Welt schon längst in einem totalen Chaos versunken. Jetzt gibt es aber noch viele Flecken auf dieser Erde, welche noch nicht im absoluten Chaos leben.

Ihr seid noch am Leben. Dieses verdankt ihr meiner Liebe.

Jedes Wesen auf dieser Erde verdankt sein Leben meiner Liebe. Ich habe schon immer versprochen, dass ich euch immer helfen werde; also bin ich gekommen. Die Verantwortung für das Glück der ganzen Welt lastet auf meinen Schultern.

Ich kann diese Verantwortung tragen. Ich trage sie gerne. Ich bin hier, um euch alle zu retten. Der Herr ist Liebe. Ich liebe euch. Jeden einzelnen von euch.

Egal, was ihr in eurem Leben auch getan habt. Meine Liebe schließt alles und jeden ein. Die Welt wird weinen, wenn der Herr sich gezeigt hat. Die Menschen werden weinen und zu meinen Füßen liegen. Alle werden auf der Straße den Herrn feiern. Alle werden sich freuen, dass der Herr gekommen ist.

Erkennt, welchen Fehler ihr begangen habt, meine Gegenwart nicht zu bemerken und die Menschen nicht ernst zu nehmen, welche von meiner Gegenwart berichteten. Ich bin eure Hoffnung. Ich bin eure einzige Hoffnung.

Ich tue, was ich will. Ich allein entscheide, was mit der Welt geschehen wird.

Höre den Ruf deines Herzens nach meiner Liebe. Dein Herz ruft mich.

Gott, bitte hilf. Gott, bitte hilf.

Ich helfe, deswegen bin ich hier. Ich werde jedem helfen. Lehnt euch zurück und habt Vertrauen in den Herrn. Ich werde mein Ziel erreichen und allen Menschen zu einem Leben in Frieden und Liebe verhelfen.

Meine Herrlichkeit ist unerklärbar. Meine Herrlichkeit kann nicht mit deinen Gedanken erfasst werden, sie kann nur mit dem Herzen erfasst werden.

Liebe ist meine Herrlichkeit. Liebe ist meine Form. Liebe ist alles, was ich dir gebe und was ich mir von dir wünsche. Du wirst sie ganz sicher erhalten.

Egal, was du auch tust, ich lasse dich nicht im Stich. Selbst wenn du im letzten Loch sitzt, ich sage dir: Halte durch! Die Rettung ist nahe. Halte durch. Deine Rettung ist nahe. Ich werde dich retten.

Die Welt wird die Herrlichkeit des Herrn sehen und spüren. Ich kenne alles und jeden, ich weiß alles. Ich werde alles, was euch Probleme macht, von dieser Welt nehmen. Unter meiner Leitung wird diese Welt ein blühender Planet werden.«

FÜHLE MEINE NÄHE

Es kann sein, dass du dich sehr schlecht fühlst, dass du das Gefühl hast, die ganze Welt sei nur noch ein Problem für dich. Vielleicht stehst du an einem Abgrund und weißt nicht, wie du über ihn hinwegkommen kannst.

Ich wohne in deinem Herzen. Du brauchst mich nur zu rufen und ich bin da und gebe dir meine Liebe.

Denke in deinen Gedanken: »Ich liebe dich, Gott, ich brauche dich, Gott, bitte gib mir Liebe!«

Denke dieses immer wieder und du wirst meine Nähe in deinem Herzen spüren.

Du kannst den ganzen Tag über immer diese Zeilen denken. Du wirst sehen, wie viel Kraft dir diese Zeilen geben werden. Wenn du diese Zeilen denkst, dann richtest du dich auf meine Liebe aus und du wirst sie auch spüren.

Die Sendestrahlen des Rundfunks sind immer um dich herum. Du kannst sie weder spüren noch riechen noch sehen. Wenn du aber ein Radio einschaltest, dann kannst du die Musik hören, welche über die Radiowellen gesendet wird.

Genauso ist es mit meiner Liebe. Immer gebe ich dir meine Liebe. Immer strömt sie in dein Herz in jede Ecke. Immer stehe ich neben dir.

Nur weil deine Augen mich nicht sehen, heißt das nicht, dass ich nicht neben dir stehe. Versuche mich mit deinem Herzen zu sehen.

Du musst dich auf mich ausrichten, sonst bemerkst du meine Liebe genauso wenig, wie du die Radiowellen bemerkst. Richte dich auf mich aus und spüre die Liebe. Richte dich auf mich aus, indem du an mich denkst.

Denke an mich und stelle dir vor, wie ein großer heller Strahl in dein Herz kommt und es dort erwärmt. Du wirst sehen, es wird dir helfen.

Ich kenne diese Methoden, denn ich habe sie erschaffen. Ich allein weiß, welche Methode effektiv ist, meine Liebe besser spüren zu können.

Schließe deine Augen und denke an mich. Denke an mich und habe Vertrauen. Lass dich von mir tragen.

Ich sage dir noch einmal, ich kann jedes Problem lösen, ganz egal, was es auch sein mag.

Wenn du einen Partner suchst, dann sei sicher, ich kann dir helfen, den richtigen zu finden.

Ich kann dir helfen, an die Personen heranzukommen, an die du so gerne herankommen möchtest, aber du glaubst, du seiest zu schwach für sie.

Mit meiner Hilfe kannst du jedes Ziel erreichen! Magst du dich auch noch so klein fühlen, mit mir als Verbündeten bist du unbesiegbar.

Es gibt nichts, was du nicht erreichen kannst. Ich gewähre dir alles, was du dir wünschst. Vorausgesetzt, es ist gut für dich und für die anderen Wesen in deiner Umgebung.

Ich möchte nur, dass du ein lieber Mensch bist und alle negativen Eigenschaften aufgibst. Wenn du dieses tust, dann wirst du von mir in den höchsten Himmel der Herrlichkeit geführt werden.

Bitte mich um Hilfe und sei dir sicher, ich helfe dir, diesen Weg zu gehen und niemand wird dir etwas antun können, wenn du unter meinem Schutz stehst.

Dein Herz fühlt sich zu mir hingezogen. Du sehnst dich nach Gott. Du Mensch sitzt dann hier und du wartest. Auf den Herrn.

Der kommt dann und schreitet an dir vorbei. Aber bevor er an dir vorbei ist, bleibt er stehen und er blickt in deine Augen. Für eine Sekunde. Dann geht er weiter.

Du bleibst zurück und sinkst auf den Boden. Nie hat dich in deinem Leben etwas so berührt wie dieser Blick. Du hast Gott in die Augen gesehen.

Nie zuvor hast du eine solche Liebe gespürt, wie in dem Augenblick, nachdem ich dir in deine Augen geblickt habe. Wenn ich das tue, dann nehme ich dich ganz in mich auf und gebe dir das, was du dir schon immer gewünscht hast. Geborgenheit und endlich das Wissen, dass ich existiere und dass ich dich liebe.

Der Glaube verschwindet und er wird zum Wissen. Zum Wissen, dass ich da bin und dich liebe.

Ich nehme dich in meine Arme und du weinst Tränen der Erleichterung. Alle Sorgen übergibst du mir. Ich sorge für dich. Ich kann all deine Wunden schließen. Du kannst ruhig weinen. Befreiendes Weinen tut jedem Menschen gut.

Ja, wenn der Herr zu dir spricht, dann darfst du ruhig weinen. Tränen der Welt, kommet hoch und bringet den Schmerz in meine Arme. Bringet die Sorgen in meine Arme.

Ihr Tränen, fließt und transportiert den Schmerz aus den Herzen meiner geliebten Menschen. Ich nehme euch die Schmerzen. Ich gebe euch Essen. Ich gebe euch ein Haus und ich gebe euch auch Kleidung. Dazu bekommt ihr einen Partner, der euch über alles liebt und der euch euer ganzes Leben lang begleiten wird.

Egal, wie du auch bist, es gibt immer einen Partner, der dich liebt. Du und Gott. Das ist ein Bündnis für die Ewigkeit. Es kann existieren.

Ich spreche zu dir. Egal, was andere sagen und denken, wenn du dich mir anschließt, dann wirst du glücklich werden. Ich bin eben Gott. Diese Tatsache ist Realität.

Nur weil vielen Menschen meine Frisur und mein Aufenthaltsort nicht gefallen, nehmen sie das als Grund mich zu verleugnen. Ich zeige mich euch so, wie ich es möchte. Viele Christen verleugnen mich. Sie haben ein falsches Bild von Gott.

Ich bin nicht nur für die Christen da. Ich bin für alle da. Ich bin nicht umsonst in einem sehr armen Land geboren worden. Die armen Menschen kommen zu mir und ich richte sie auf.

Diese Menschen sind nicht so arrogant, dass sie meinen, ich müsste mich in einem weißen Tuch vor ihnen ausbreiten.

Diese Menschen vertrauen ihrem Herzen und sie kommen hierher. Wer mich wirklich liebt, der nimmt mich so an, wie ich bin.

Ich möchte bedingungslose Liebe. Keine Liebe, die ich nur erhalte, wenn alles so läuft, wie ihr es euch vorstellt. Wirkliche Liebe verlangt nicht nach Lohn. Sie liebt immer und zu jeder Zeit. Sie liebt um der Liebe willen.

Liebt mich, egal, was ich tue, egal, was ich sage und egal, was auch passiert. Haltet an mir fest. Ich muss dich leider häufig in die Tiefe schicken.

Wenn du in deinem Herzen Schmutz angesammelt hast, dann musst du ihn entfernen, das geht aber nur, wenn du ihn siehst und wenn du häufig von Problemen dazu gedrängt wirst, diesen Schmutz zu beseitigen.

Viele Menschen sehen ihr schmutziges Leben, sie sind aber nicht bereit es zu ändern. Deswegen werden sie mit Problemen konfrontiert, denen sie nicht mehr entkommen können. Wenn sie dann an mir festhalten, mir vertrauen und ihr Leben ändern, dann werden sie es schaffen.

Es ist hart, wenn du leiden musst. Es ist hart durch die Tiefen deines Schmerzes zu gehen, aber du musst ihn anfassen, um ihn aus dir entfernen zu können. Du darfst nicht versuchen, ihn zu verdrängen.

Wenn du etwas verdrängst, dann entfernst du es nicht. Du denkst nur nicht mehr daran. Aber der Schmerz ist immer noch da. Nur wenn du ihn auflöst, dann kann er verschwinden. Ein Mensch stirbt, wenn er zu viel Schmerz in seinem Herzen hat. Deswegen helfe ich euch immer, diesen Schmerz loszuwerden.

Ihr müsst euch auf das Gute in eurem Herzen ausrichten. Richte dich auf das Gute in deinem Herzen aus.

Viele Menschen richten sich erst auf das Gute aus, wenn sie leiden.

Wenn der Mensch leidet, dann versucht er all seine Kräfte zu mobilisieren, um dieses Leiden abwerfen zu können. Er richtet sich dann auf das Gute aus, denn anders kann er sich nicht von dem unangenehmen Leiden befreien.

Es ist also ganz wichtig, das Gute, welches man entwickelt hat, um über Schwierigkeiten hinwegzukommen, beizubehalten. Mit dieser Kraft kann man dann durchs Leben gehen und so wird man vieles sehr viel einfacher lösen können. Schwierigkeiten dienen nur dazu, den Menschen wieder auf den richtigen Weg zurückzuführen.

Deswegen passiert es häufig, dass Menschen mich um Hilfe bitten und danach scheint bei ihnen alles in einer Katastrophe zu enden.

Ich helfe euch den Schmutz zu entfernen, welcher euch daran hindert, ewig glücklich zu sein. Das ist leider ein anstrengender Prozess, aber er wird dir die Reinheit bringen, die du schon dein ganzes Leben lang gesucht hast.

Insofern musst du immer an mir festhalten, wenn du in Schwierigkeiten zu versinken drohst. Du musst nur von mir erfahren, wie du das jeweilige Problem lösen kannst, dann kannst du es lösen und so hast du wieder etwas Neues dazugelernt.

Das bringt dir mehr Selbstbewusstsein und du bist auf deinem Weg zum ewigen Glück ein ganz großes Stück voran gekommen. Immer wieder kommen Prüfungen, die dich fordern und die den Einsatz deiner gesamten Kraft verlangen.

Du musst immer weiter den Weg des Guten gehen, dann kann dich keine Schwierigkeit aufhalten. Du musst mir zeigen, dass du es verdient hast die ewige Glückseligkeit zu erhalten.

Sei aufrichtig und ehrlich. Sprich die Wahrheit und handele so, dass niemals ein Wesen durch dich Schaden nehmen kann.

Lebe in Liebe und gib Liebe in die Welt, ganz egal, was auch passiert. Wenn du immer Liebe in die Welt gibst, dann werde ich dir das höchste Glück nicht verwehren.

Ihr wisst gar nicht, wie herrlich das Glück ist, welches euch erwartet. Ich werde euch persönlich in einen so wunderbaren Zustand versetzen, den ihr euch niemals vorstellen könnt. Meine Macht ist unendlich und die Genussmöglichkeiten, die ihr erhalten könnt, sind es auch.«

Das Abwerfen des Schmutzes

Es war einmal eine Frau, die war mit ihrem Leben nicht zufrieden. Sie hatte keine Lust, immer nur arbeiten zu müssen. Sie hatte keine Lust zu arbeiten, ohne dass es ihr Spaß machte.

Genauso hatte sie auch keine Lust auf Beziehungsprobleme. Sie hatte auch keine Lust auf Probleme mit Krankheiten.

Sie musste nach dem selben Schema leben, nach dem heute so viele Menschen leben. Man geht zur Schule, das macht keinen Spaß. Die Freizeit wird dann meistens mit irgendwelchen nutzlosen Dingen vergeudet.

Dann hat man vielleicht einen Freund oder eine Freundin. Vielleicht auch zwei oder drei. Die Beziehung wird einfach beendet, wenn einer keine Lust mehr hat.

Nach der Schule muss man entweder studieren oder arbeiten. Beides ist anstrengend und beides kostet sehr viel Zeit. Dann kann es sein, dass man sich verliebt. Aber auch das ist schwierig.

Zuerst muss man überhaupt erst die Person gewinnen, die man gerne an seiner Seite haben möchte, dann muss man sich mit ihr gut verstehen und dann muss man ständig Konflikte austragen.

Vielleicht klappt es am Anfang ganz gut. Was in einem Jahr passiert, weiß man nicht. Vielleicht ist in einem Jahr die herrlichste Beziehung schon zerbrochen. ›Das ist normal‹, sagt man dazu.

Man weint dann ein bisschen und sucht sich eine neue Beziehung. Irgendwann wird es schon klappen, das hofft jeder.

Einer findet den anderen nett, oder aber beide verlieben sich ineinander und dann gehen beide eine Beziehung ein und hoffen, dass sie lange hält. Muss aber nicht sein.

Man kann auch die Beziehung schon vorher eingehen, mit dem Wissen, dass sie sowieso nicht lange halten wird.

Einfach so zum Spaß tritt man dann auf den Gefühlen einer Person herum, öffnet sich nicht richtig, denn sonst würde die Beziehung ja vielleicht länger dauern, und irgendwann beendet man dann die Beziehung, wenn man keine Lust mehr hat.

Zwischendurch betrinkt man sich jedes Wochenende mit Alkohol, um sich sämtlichen Frust für ein paar Stunden wegzutrinken. Irgendwann heiratet man vielleicht. Wie lange aber hält die Ehe? Mal sehen.

Viele leben auch zusammen ohne wirkliche Wärme und Nähe. Häufig wird dann eine Beziehung in erster Linie auf Sexualität ausgerichtet. Der Mann sagt seiner Frau, dass er sie liebt, und wenn er eine für ihn körperlich attraktivere Frau findet, dann verlässt er seine Frau wieder. So lebt man dann.

Ab und zu betet man vielleicht. Kaum jemand hat noch Lust in die Kirche zu gehen. Man weiß nicht, was Gott will, und wenn irgendetwas schief läuft, dann macht man ihn dafür verantwortlich oder schlimmer noch, man glaubt gar nicht erst an seine Existenz.

Keiner weiß, ob man irgendwann krank wird. Keiner weiß, wann man selbst stirbt oder vielleicht sogar das eigene Kind. Ob eine Beziehung in drei Jahren immer noch wunderbar sein wird, das weiß auch keiner. Dann wird eben probiert und man sieht ja, was kommt.

Frei nach dem Motto, ich laufe mit geschlossenen Augen über die Straße – ich werde ja merken, wenn mich ein Auto anfährt.

Zwischendurch ärgert man sich ständig über dieses und jenes, was ein anderer gemacht oder nicht gemacht hat und häufig ist man auch unter Stress. Wenn man dann psychische Probleme hat, dann trägt man diese mit sich herum und versucht, sie durch Konsum von Alkohol und anderen Drogen zu verdrängen.

Wenn man zu einem Therapeuten gehen würde, dann würden viele Menschen einen auslachen und sagen: ›Der spinnt doch.‹

Man trägt lieber seine Probleme mit sich herum und schleppt diese dann in irgendeine Beziehung, wo sich dann der Partner mit ihnen auseinander setzen muss.

Wenn er das nicht schafft, dann verlässt man ihn wieder. Er muss eben alles aushalten.

Filme, in denen Menschen sich gegenseitig umbringen, gehören sowieso zur Tagesordnung.

All diese Dinge standen der Frau bevor, sie hatte aber überhaupt keine Lust darauf. Aber was sollte sie tun? Sie wusste ja nicht, wie sie es hätte anders machen sollen.

Eure Gesellschaft lebt zu einem sehr großen Teil genauso, wie ich es gerade beschrieben habe. Ohne Schranken, ohne Ordnung, ohne Disziplin. Jeder lebt einfach so vor sich hin und hofft, dass er glücklich wird. Kein Wunder, dass kaum jemand von euch glücklich ist.

Aber wenn dann Menschen den Weg zu mir finden und mir anhängen, dann werden sie ausgelacht. Sie werden ausgelacht und ihre Lebensführung wird auch nicht akzeptiert. Sie stellen dann ihr Leben um und sie leben nicht mehr so, wie die meisten Menschen es tun. Diese werden dann ausgegrenzt.

Die anderen können es nicht verstehen, welche Freude es einem bereitet, wenn man Gottes Weg folgt. Schlimm genug, wenn diese Menschen dann meine Anhänger als Sektenmitglieder abstempeln.

Warum verehren in der heutigen Zeit so viele Menschen Jesus? Es gibt keine Fotos von ihm, noch gibt es Augenzeugen, die ihn gesehen haben und die heute noch leben und es euch erzählen können. Aber in der Bibel stehen so wunderbare Geschichten, dass viele Menschen deswegen an Jesus glauben.

Ich lebe heute. Die Geschichten, die man über mich lesen kann, sind genauso herrlich, wie die Geschichten über Jesus. Denn ich bin heute nicht anders, als Jesus es war. Ich und Jesus sind eins.

Aber die Leute verleugnen mich. Die Augenzeugen, die mich gesehen haben und die über mich berichten, die werden verspottet, selbst die Menschen, die ich von Krankheiten geheilt habe, die eure Ärzte für unheilbar erklären und die darüber berichten, werden verspottet.

Was nützt es den Christen sich an der Bibel festzubeißen und mich zu verleugnen, der ich der Herr bin.

Wenn das, was ich lehre, sich von dem, was die heutige christliche Auffassung ist, unterscheidet, dann sollten die Christen ihre Auffassung revidieren.

Die Menschen vertrauen ihren Pastoren. Die Pastoren sind verpflichtet ihnen die Wahrheit über die Religion zu vermitteln. Sie sind dazu verpflichtet anzuerkennen, dass der Herr auf die

Erde gekommen ist, und sie sind dazu verpflichtet, das, was ich
verkünde, den Menschen, die in die Kirche gehen, auch zu verkünden.

Ich bin Gott. Wenn meine Anhänger mir mit ihrem ganzen Herzen anhängen, dann werde ich sie persönlich retten, wenn diese
dann ausgelacht werden. Ich bin eben Gott und ich lehre eben
die Wahrheit und nicht das, was von den Priestern überall auf
der Welt als Wahrheit verkündet wird.

Da ärgern sich viele und behaupten, dieser Typ mit seinen ko-
mischen Locken und seinem langen Umhang behauptet Gott zu
sein. Wie lächerlich.

Das Einzige, was auf dieser Welt zählt, ist das, was ich euch
sage. Nur ich spreche die Wahrheit, niemand sonst. Die heiligen
Bücher enthalten sehr viele Weisheiten, aber um einen Nutzen
davon zu haben, müsste man sie wenigstens richtig interpretie-
ren können.

Egal, wie man die Wahrheit auch verdrehen mag, am Ende
wird die Wahrheit siegen, die aus dem reinen Herzen kommt.

Unsere Religion ist die beste. Das sagt jede Religion.

Ich sage, alle Religionen sind ungenügend und miserabel,
wenn sie behaupten, sie seien die beste. Alle Religionen sind eine
Einheit.

Alle fordern, dass Gott verehrt wird und dass sein Wille um-
gesetzt wird. Aber was sein Wille ist, in diesem Punkt sind sich
die Religionen uneinig.

Ich werde dafür sorgen, dass sich bald alle einig sind.

Ich werde mit meiner Liebe den Menschen zeigen, dass der Weg
der Liebe der einzige Weg ist, der in Gottes Namen verkündet
werden sollte.

Ich spreche hier nicht über die Missstände, um euch anzugreifen. Ich möchte euch zeigen, dass es absolut notwendig war, dass
ich auf die Welt kam.

Ihr müsst aber lernen, die Wahrheit so zu akzeptieren, wie sie ist und wenn ihr sie noch so oft verdreht habt, dann erkennt jetzt euren Irrtum und beseitigt ihn.

Ihr habt das Recht euch über alles zu ärgern, was ich sage, aber ich möchte betonen, dass es ein großer Mangel an Demut ist, wie ihr euch mir und meinen Worten gegenüber verhaltet, wenn ihr euch ärgert.

So sagt der Herr:
Du Mensch, der du dieses hörst, du bist meine Schöpfung.
Du Mensch, der du dieses hörst, du bist ein Teil von mir.
Erwache in deinem Herzen, erwache aus deinem Alptraum.
Erwache Mensch. Du wirst erkennen, dass ich dein Vater bin.

Es wird der Tag kommen, an dem du durch klare und reine Augen sehen kannst, wie groß meine Liebe zu dir ist.
Du wirst sie sehen und sie spüren.
Meine Liebe wird dich einhüllen.
Sie wird dich glücklich machen.
Zusammen mit einem Partner, der zu dir passt.
Ich bin eure einzige Hoffnung.
Nur ich habe die Allmacht, alles und jeden zu retten.
Nur ich kenne jeden.
Nur ich bin fehlerlos.
Nur ich kann dich retten, wenn die Wissenschaft machtlos ist.
Ich allein bin Herr über Glück und Unglück.
Ich bestimme, wer glücklich wird und wer nicht.
Nur durch die Gnade des Herrn kannst du glücklich werden.
Nur wer sich mir hingibt und mir vertraut, der hat die Chance glücklich zu werden.
Mensch, öffne deine Augen.
Sieh in dein Herz.
Dort ist Sehnsucht.
Sehnsucht nach Liebe und Klarheit.
Der Herr ruft dich.
Ich rufe dich.

Du bist von mir geschaffen worden.
Verschließe nicht dein Herz.
Erkenne mich.
Ich liebe dich.
Ich bin die Kraft, die du vermisst.
Dein ganzes Leben sehnst du dich schon nach mir.
Ich bin da.
Ich bin für dich gekommen.
Um die Menschheit zu retten, wird der Herr geboren und er wird alles erreichen, was er sich vorgenommen hat.
Ich versage nicht.
Wärme und Liebe.
Geborgenheit und Schutz.
Freiheit von Angst und Sorgen.
Kein Ärger, keine Probleme.
Liebe und höchste Freude, das suchst du.
Nur ich allein kann sie dir gewähren.
Vertraue dich mir an.
Ich führe dich.
Ich werde dich tragen, wenn du nicht mehr laufen kannst.
Ich werde für dich sehen, wenn du nicht mehr sehen kannst.
Ich werde für dich sprechen, wenn du nicht mehr sprechen kannst.
Solange du existierst, kannst du lieben.
Du kannst lieben und meine Liebe empfangen, das allein sichert dir den Weg zu deinem Glück.
Ich liebe dich und ich werde immer bei dir sein.
Ich liebe dich so, wie du bist, mit allen deinen Schwächen.
Ich vergebe dir alle Fehler und helfe dir, alle Probleme zu lösen.
Nimm meine Liebe an, öffne dein Herz und lass dich nicht von deinem Denken irreleiten.
Glaube an deine Kraft.

Deine Liebe ist deine Kraft.
Mit Liebe kannst du alles erreichen.

Liebe ist die Kraft Gottes.

Mit Liebe kannst du alles erreichen.

Je mehr du sie entwickelst, desto mehr kannst du sie nutzen.

Lebe und liebe.

Hilf und tröste.

Sei glücklich und freue dich, dass ich dich niemals im Stich lassen werde.

Ich werde immer für dich da sein, ganz egal, was auch sein mag.

Selbst wenn du der größte Verbrecher bist, ich bin für dich da.

Wenn ich mich dann auch der Weltöffentlichkeit gezeigt habe, dann kann ich sogar direkt über die Welt in dein Leben eingreifen.

Selbst wenn du im Gefängnis sitzt und keine Aussichten mehr auf Freilassung hast, dann kann ich veranlassen, dass du trotzdem befreit wirst.

Ich tröste dich.

Kuschle dich in meine Arme, die sich um dich legen und dir sagen, dass du keine Angst zu haben brauchst.

Ich mache dich glücklich.

Ich handle immer, wie ich es möchte.

Ich bin die höchste und einzige Instanz.

Nichts gibt es, welches mich aufhalten könnte.

Ich werde dich glücklich machen und ich werde dir helfen, den richtigen Weg zu finden und ihn auch zusammen mit dir gehen.

Ich werde dir helfen, ein wunderbares und herrliches Leben zu führen.

Schon immer habe ich an deiner Seite gestanden, du hast es nur nicht gewusst.

Jetzt öffne ich dir und der Welt die Augen, wie herrlich die Herrlichkeit des Herrn ist.

Sei glücklich, denn der Herr wird die Welt in einen Ball aus Liebe verwandeln.

Einmal kam eine Frau zu mir und fragte mich: ›Oh Herr, ich

fühle mich so schlecht, ich fühle mich so wertlos, wie kann ich mehr Selbstbewusstsein erlangen?‹

Ich antwortete ihr: ›Du bist meine Liebe. Du bist mein Kind. Du trägst meine Liebe in deinem Herzen. Du bist das Wertvollste, was ich besitze. Jeder Mensch hat die gesamte göttliche Liebe in seinem Herzen. Jeder Mensch hat die Möglichkeit mit seiner Liebe die Herzen von Millionen von Menschen zu erfreuen. Außerdem steht jeder Mensch unter meinem Schutz.
Ich liebe jedes Wesen und ich möchte, dass ihr alle glücklich seid.
Du bist das Licht der Lichter, der Träger der höchsten Kraft, nämlich der Liebe. Dieses zu wissen, sollte dir zeigen, wie wertvoll du bist.‹

Jetzt, mein lieber Jonas, werde ich dir einige Gespräche erzählen, die verschiedene Menschen mit mir geführt haben, seitdem ich auf der Erde bin.
Ein Mann und eine Frau besuchten mich und fragten mich um Rat.

Mann: »Ich streite mich ständig mit meiner Frau, ich kann ihr gar nichts recht machen.«

Shakimha: *»Liebst du deine Frau?«*

Mann: »Natürlich liebe ich sie, oh Herr.«

Shakimha: *»Weißt du, was Liebe ist?«*

Mann: »Natürlich. Wenn man in seinem Herzen ein starkes Kribbeln spürt, wenn eine bestimmte Person in der Nähe ist, dann liebt man sie.«

Shakimha: *»Also ist Liebe nur ein Kribbeln im Herzen in der Nähe bestimmter Personen?«*

Mann: »Nein. Liebe ist etwas anderes, aber durch das Kribbeln spüre ich sie.«

Shakimha: *»Was ist Liebe?«*

Mann: »Liebe ist etwas sehr Herrliches und sehr Angenehmes.«

Shakimha: *»Warum findest du Liebe angenehm?«*

Mann: »Liebe macht mich glücklich und sie beflügelt mich.«

Shakimha*: »Woran erkennst du, dass dich jemand liebt?«*

Mann: »Wenn derjenige alles tut, was ich sage, denn wenn er mich wirklich liebt, dann wird er mir jeden Wunsch erfüllen.«

Shakimha: *»Was soll denn deine Frau für dich tun?«*

Mann: »Sie soll für mich kochen, den Haushalt führen und immer für mich da sein.«

Shakimha: *»Warum sollte sie das tun?«*

Mann: »Wenn sie das nicht macht, dann denke ich, dass sie mich nicht mehr liebt. Ich kann ja wohl von ihr erwarten, dass sie diese Kleinigkeiten für mich tut. Das gehört zu einer Ehe, dass die Frau diese Sachen macht.«

Shakimha: *»Was gibst du ihr dafür?«*

Mann: »Warum sollte ich ihr dafür etwas geben? Das ist doch selbstverständlich, dass sie diese Kleinigkeiten für mich erledigt.«

Shakimha: *»Du möchtest, dass sie immer für dich da ist. Findest du, dieses sei eine Kleinigkeit?«*

Mann: »Ja, denn sie muss ja gar nicht arbeiten. Sie ist sowieso den ganzen Tag zu Hause und ich verdiene das Geld. Insofern kann sie ja auch als Gegenleistung für mich da sein.«

Shakimha: *»Weißt du, dass deine Frau dich liebt?«*

Mann: »Ja, das weiß ich.«

Shakimha: *»Woher weißt du das?«*

Mann: »Sie tut so viel für mich und sie guckt mich immer so lieb an.«

Shakimha: *»Deine Vorstellungen von Liebe in einer Beziehung sind nicht in Ordnung. Ein Mensch, der liebt, der erwartet keinen Lohn für seine Liebe.*

Wahre Liebe liebt um der Liebe willen. Sie trachtet nicht nach Lohn, sie liebt die andere Person, egal, wie sie ist.

Sie erwartet nichts von der anderen Person. Niemand zwingt deine Frau, bei dir zu sein. Sie ist wegen ihrer Liebe an deiner Seite. Sie ist ein freier Mensch. Wenn sie etwas für dich tut, dann tut sie dieses nur, weil sie dich liebt. Du kannst nichts von ihr verlangen und nichts von ihr erwarten.

Das Einzige, welches du in diesem Fall tun kannst, ist ihr deine Liebe zu geben. Dann kannst du abwarten, was sie dir zurückgibt.

Wenn ein Mensch dich liebt und etwas für dich tut, dann sind all seine Handlungen das wertvollste, was ein Mensch für dich tun kann. Das ist aber nicht selbstverständlich.

Jede Handlung, die eine Person aus Liebe für dich tut, ist für sich alleine ganz besonders wertvoll und sie darf niemals als selbstverständlich angesehen werden. Sei froh über alles, was deine Frau für dich tut und gib ihr all deine Liebe. Sei für sie da und würdige es, dass sie für dich da ist.

Wenn du alles, was sie für dich tut, genug würdigst und jede ihrer Handlungen als ein Geschenk ansiehst, welches sie aus ihrem freien Willen heraus, aus Liebe dir gibt, dann kannst du ihren Wert erkennen und sie dementsprechend behandeln. Dann wirst du ganz schnell merken, dass Streit überflüssig wird.

Wenn jemand eine Person wirklich liebt, dann wird er immer, bevor es zum Streit kommt, seine Meinung der anderen Person unterordnen. Das oberste Ziel ist es nicht, seine eigene Meinung durchzusetzen, sondern den Partner glücklich zu machen.

In einer heilen Beziehung können beide ihre Meinung äußern und es wird eine Entscheidung geben, mit der beide zufrieden sind.

Jeder sollte, bevor er eine Beziehung eingeht, den anderen Partner genau kennen lernen und sich darüber im Klaren sein, welche Vorstellungen dieser Partner von einer Beziehung hat.

Erst klären und dann verstehen. Nicht ärgern und streiten und dann entweder verstehen oder auseinander gehen.«

Mann: »Danke, Herr, für deine Hilfe.«

Eines Morgens kam ein Mädchen im Alter von 17 Jahren zu mir.

Mädchen: »Ich liebe dich, Gott. Ich möchte, dass du immer bei mir bist. Wie kann ich dich spüren und sehen, wenn ich von hier wieder nach Hause gefahren bin?«

Shakimha: *»Mein liebes Kind, ich bin immer an deiner Seite. Ich wohne in deinem Herzen. Du kannst mich dort immer spüren, ganz egal, wo du auch bist.*

Dein Herz hast du immer bei dir, so bin ich auch immer bei dir. Wenn du liebst, dann kannst du mich sehen.

Ich bin die Liebe, die in so vielen Herzen wohnt. Besinne dich auf deine Liebe. Besinne dich darauf, dass du ein liebes Wesen bist, welches liebt und geliebt werden möchte.

Denke immer an folgende Sätze:

Ich liebe Gott, er wohnt in meinem Herzen.

Er ist meine Liebe, meine Liebe ist immer bei mir.

Meine Liebe, die ich in meinem Herzen fühle, ist Gottes Anwesenheit in meinem Herzen.

Alle Gefühle der Welt sind in mir.

Wenn ich nur Liebe in mir habe und alle anderen Gefühle aus meinem Herzen verbanne, dann werde ich immer glücklich sein.

Ärger und Trauer kommen nicht von außen in mich hinein, sie sind in mir und werden durch äußere Einflüsse aktiviert.

Wenn ich sie aus meinem Wesen entferne, dann können sie auch nicht mehr aktiviert werden.

Nur Liebe und Mitgefühl lasse ich in meinem Herzen, den Rest grenze ich aus.

Deswegen lebe ich auch nur in Liebe und Mitgefühl und ich tue nichts und ich denke nichts und ich sage nichts, welches nicht mit Liebe zu tun hat.

Ich meide jegliche Gewalt und jegliche Orte, an denen Böses getan wird, so lange es mir möglich ist.

Ich bin ein guter Mensch, ich bin ein liebendes Wesen.

Liebe ist meine Natur.

Ich möchte nichts anderes außer Liebe.

So werde ich alles aus meinem Herzen entfernen, welches meine Liebe verdrängt.

Je mehr Platz der Herr in einem menschlichen Herzen hat, desto mehr Platz kann er bewohnen.

Je mehr Platz er in meinem Herzen bewohnt, desto mehr spüre ich ihn in meinem Herzen.

Je mehr ich Gott in meinem Herzen spüre, desto glücklicher werde ich.

Gott ist immer bei mir.

Er steht mir immer zur Seite.

Alles Glück der Welt liegt in mir.

Ich muss mich nur von allem trennen, was mir Unglück bringt.

Alles, was nicht mit Liebe zu tun hat, grenze ich aus meinem Leben aus.

Ich lebe mit einem liebenden Herz.

Ich verletze nicht und ich tue keinem Wesen etwas Böses an.

Ich liebe alle Wesen, ich möchte nicht, dass ein Wesen wegen mir leiden muss.

Ich möchte mich allen Lebewesen gegenüber liebevoll verhalten.

Ich möchte nicht der Schöpfung meines Vaters einen Schaden zufügen.

Gott liebt seine Schöpfung.

Ich möchte ihn nicht verletzen und seiner Schöpfung etwas Böses antun.

Ich liebe Gott und ich sehe ihn als Liebe in der Welt.

Ich lebe in Liebe und tue nichts gegen mein Gewissen.

Ich helfe und unterstütze alle Menschen, die meine Hilfe brauchen.

Denke an diese Sätze, lebe in Liebe und so wirst du spüren, dass ich immer an deiner Seite bin.«

Das Mädchen begann zu weinen.

Mädchen: »Ich liebe dich, Gott, danke, dass es dich gibt. Danke, dass du uns liebst. Du bist so lieb, Gott. Du bist so lieb. Ich freue mich, dass du ein so liebes Wesen bist. Es ist mir egal, was die anderen Menschen sagen, ich weiß, wie lieb du bist, Gott. Ich habe dich gefunden und ich vertraue dir mein ganzes Leben an.«

Shakimha: *»Ich freue mich über deine Worte. Ich werde dich immer begleiten.*

Wenn du abends alleine einen Spaziergang machst, dann bin

ich der Wind, der dich streichelt und der dir sagt, dass ich dich liebe.

Wenn du morgens aufwachst und die ersten Sonnenstrahlen deine Haut berühren, dann bin ich die Wärme, die deine Haut erwärmt und dir sagt, dass ich dich liebe.

Wenn du dich zum Schlafen mit einer warmen Decke zudeckst, dann bin ich die Geborgenheit, die sich in deinem Herzen ausdehnt.

Wenn du das Gefühl hast, du würdest im Chaos versinken, dann bin ich die Ordnung, die dir hilft, dem Chaos zu entfliehen.

Wenn du Tränen der Verzweiflung weinst, dann bin ich die Hoffnung, die dir hilft, dich wieder aufzurichten.

Ich bin der Vogel, der für dich zwitschert.

Ich bin dein Haustier, das dir seine Liebe gibt.

Ich bin die Pflanze, die dich mit ihrem Duft und ihrer Farbe erfreut.

Ich bin das Brot, das du isst und das dich stärkt.

Ich bin das Wasser, in dem du badest.

Ich bin das Wasser, das dich reinigt und wärmt.

Ich bin dein Lebensantrieb.

Ich bin dein Antrieb, der dich antreibt, Liebe zu suchen.

Ich bin dein Lächeln, welches die Herzen der Menschen erfreuen kann.

Ich bin dein Schutz, dein bester und treuester Freund.

Ich bin die Kraft der Kräfte.

Ich bin die Wahrheit, nach der jeder lebt.

Ich bin die Kraft, die niemanden vergisst.

Ich allein habe die Macht, dich dein ganzes Leben zu behüten.

Ich bin fehlerlos und ewig rein.

Nichts gibt es, was ich nicht für dich tun könnte.

Du stehst unter meinem Schutz.

Du wirst immer unter meinem Schutz stehen.

Du musst es dir nur bewusst machen.

Wisse, dass du Liebe bist und Liebe suchst.

Wisse, dass ich das Gute bin, das in jedem Menschen vorhanden ist.

Erkenne mich, erkenne mich und erfahre meine Herrlichkeit.

Ich bin die Kraft, die dieses Universum schuf und es zusammenhält.

Ich bin die Kraft, die diese Welt vor dem Untergang bewahrt hat und bewahren wird.

Ich existiere länger als die Erde.

Schon immer habe ich existiert.

Ich habe weder Anfang noch Ende.

Ich bin die höchste Autorität, nichts kann gegen meinen Willen geschehen.

Alle sind mir untergeordnet.

Ich bin die Reinheit.

Die Reinheit, die jeder sucht.

Ich kenne weder Schmerzen noch Leid, ich habe weder Angst noch kann ich traurig sein.

Ich bin Liebe.

Herrliche Liebe.

Ich weiß aber, was ihr fühlt, denn ich schuf diese Welt.

Ich kenne euren Schmerz und da ich in euren Herzen wohne, spüre ich all eure Schmerzen.

Ich spüre alles, was ein Mensch spürt.

Ich weiß alles, was ein Mensch weiß.

Ich weiß alles, was ein Mensch macht und denkt.

Es gibt nichts, was mir verborgen ist, keinen Ort, an dem ich nicht bin.

Ich verbrauche keine Kraft.

Ich kenne keine Anstrengung.

Ich entscheide und handle.

Aber ich denke auch nicht.

Ich weiß immer alles, warum sollte ich dann denken?

Das Denken ist nur ein Werkzeug, welches ihr braucht, um euch durch euer Leben manövrieren zu können.

Aber ihr seid nicht euer Denken.

Ihr seid eine Verkörperung der Liebe.

So wie der Kapitän die Karte braucht, um sich auf dem großen Ozean zurechtzufinden, so braucht ihr das Wissen, was euch hilft und was euch schadet, um in dieser Welt, in der es so viele Wege gibt, den richtigen zu finden und ihn zu gehen.

Ich bin ein Wesen, ich bin auch eine Intelligenz und doch bin ich nichts von beidem.

Meine Form ist unerklärlich und unerfassbar, aber sie ist spürbar.

Keine Worte gibt es, welche meine Form beschreiben könnten.

Nur ein liebendes Herz kann mich und meine Form spüren.

Ich habe für euch menschliche Form angenommen, um mich erfahren zu können, wäre ich nicht in dieser Form auf der Erde, dann wüsstet ihr nicht, wie ihr mich auf irgendeine Art und Weise greifen könnt.

Diese menschliche Form ist aber nur ein kleiner Teil meiner Kraft.

Würde ich mit meiner ganzen Kraft vor euch in Erscheinung treten, dann würdet ihr euch vor mir fürchten, außerdem würdet ihr es sowieso nicht aushalten.

Also bin ich in einer Form auf die Erde gekommen, die euch erfreut und die euch hilft zu erkennen, wie herrlich der Herr ist.

Das Mädchen verschwand.

So ist es denn, dass der Herr auf die Erde kam, um die Menschen zu retten.

Ich bin die Kraft, die du suchst. Das Licht, das dich aus dem Dunkel führt. Die Liebe der Welt, die in allen Lebewesen als deren Antriebskraft wohnt. Kraft brauchst du, um endlich dieses

Chaos hinter dir zu lassen. Es ist nicht in meinem Sinne, dass diese Welt ein Chaos ist.

So stütze dich auf mich, ich bin die sicherste Stütze.

Irgendwann wird eine Freudenträne dein Auge verlassen. Sie wird dein Gesicht hinunterlaufen und dann bist du endlich bereit, meine Liebe in dein Herz zu lassen.

Es ist wichtig, dass du mich anerkennst.

Zu diesem Thema höre hier ein weiteres Gespräch, zwischen mir und einem älteren Mann.

Mann: »Geliebter Herr, warum hast du dich bis jetzt noch nicht der Weltöffentlichkeit gezeigt?«

Shakimha: »Ich will nicht, dass die Weltöffentlichkeit in zu großem Maße von meiner Existenz erfährt.

Obwohl ich schon sehr viele Anhänger habe, weiß kaum jemand, wer ich bin.

Die Zeitungen, die über mich berichtet haben, die haben meistens geschrieben, ich sei irgendein Guru. So wurde ich dann als irgendein Betrüger abgestempelt, der sich als Gott ausgibt.

Ich habe dafür gesorgt, dass die Weltöffentlichkeit nicht von mir erfährt. Natürlich wissen es schon sehr viele Menschen, dass der Herr auf der Erde ist. Aber sehr viele wissen es nicht. Nur die Menschen, die mich erkennen sollten, haben mich erkannt.

Die Menschen müssen schon etwas für meine Gnade tun.

Obwohl so viel Unsinn über mich verbreitet wird, haben trotzdem viele Menschen die Wahrheit erkannt und sie sind ihr gefolgt.

Viele meiner Anhänger werden mit Spott belegt. Aber das halten sie aus. Das Glück auf dieser Welt verteile nur ich. Wer meinem Weg folgt, der wird glücklich. Wer dieses ablehnt, der wird dann so lange seinen eigenen Weg gehen, bis er gegen eine Wand läuft. Er wird sich dann an mich erinnern und irgendwann so oder so den richtigen Weg einschlagen.

Ich habe den Zeitpunkt genau festgelegt, an dem ich mich der Welt zeige. Ich werde von meinen Kräften in vollem Umfang Gebrauch machen. Ich werde jedem Menschen demonstrieren, dass ich Gott bin und dass niemand Gott unterschätzen darf.

Also sorgt euch nicht, ihr Menschen, eure Rettung ist nahe.«

Mann: »Herr, was ist, wenn Menschen versuchen, dich aufzuhalten?«

Shakimha: *»Ich lasse mich nicht aufhalten, niemand kann den Herrn stören oder behindern.*

Ich lasse mich von niemandem an der Ausführung meiner Pläne hindern. Ich lasse mir auch von niemandem sagen, was ich zu tun habe. Ich tue, was ich geplant habe und niemand wird mich davon abhalten.

Wenn jemand trotzdem versucht mich aufzuhalten, dann werde ich ihm in die Augen sehen und er wird weinend vor meinen Füßen zusammenbrechen und um Vergebung bitten.

Niemand, dem ich in die Augen gesehen habe, kann danach noch meine Göttlichkeit verleugnen.

Ein Blick in deine Augen und du wirst mit dem Ursprung deiner Existenz konfrontiert. Ganz egal, was du mit deinem Leben gemacht hast, ganz egal, wie viel Dunkelheit dein Herz bedeckt, ein Blick des Herrn erweicht jedes Herz.«

Mann: »Ich danke dir, Herr, für dieses Gespräch.«

DER BLICK DES HERRN

*J*onas, du blickst die ganze Zeit in meine Augen. Aber die anderen Menschen sollten das gleiche Glück haben. Sie sollten mich besuchen und hoffen, dass ich ihnen diese Gnade gewähre. Mein Blick erweicht jedes Herz.

Ich erzähle jetzt, was mit dir passiert, wenn ich dir in die Augen blicke.

Die Mauern fallen, die Schmerzen fließen und du fühlst dich geborgen und sicher. Die Schmerzen verschwinden und sie machen Hoffnung und Mut Platz. Dein schneller Atem wird langsam, du hast endlich die Ruhe gefunden, nach der du dich schon so lange gesehnt hast.

Wenn ich einem Menschen in die Augen sehe, dann ist er sofort davon überzeugt, dass ich Gott bin. Ich erreiche dich in einer Tiefe, die du nie gefühlt hast. Ich zeige dir, dass dein Herz Tiefen hat, die du niemals für möglich gehalten hättest. Ich bin die Liebe, die dich so tief berührt, dass du automatisch in dich zusammensinkst und nach meiner Liebe lechzt.

Wem ich in die Augen sehe, der wird tief in seinem Inneren grundlegend verändert. Danach lösen sich die Täuschungen in Rauch auf. Danach willst du alles tun, um immer mehr von meiner Liebe spüren zu können. Du wirst mir dann folgen und dein Leben so umgestalten, wie ich es dir rate. Denn ich möchte für jeden nur das Beste.

Ich möchte, dass du glücklich bist und dich zufrieden und geborgen zurücklehnen kannst. Du sollst ein fröhliches und glückliches Leben führen können, mit dem Wissen, dass der Herr immer bei dir ist. Ich gewähre dir das höchste Glück.

Ich gewähre die eine Liebe, die niemals brechen wird. Eine herrliche Beziehung wirst du haben, ohne Ängste und ohne Sorgen.

Seit deiner Existenz versuche ich dir den Weg zu deinem Glück zu zeigen. Da du aber meine Zeichen nicht verstanden hast, bin ich gekommen, um dir zu helfen, dass du sie verstehst.

Du hast dich bis jetzt sehr häufig auf dein Denken verlassen. Du denkst, alles, was du nicht mit deinem Denken verstehen kannst, existiert nicht. Das entspricht aber nicht der Wahrheit.

Dein Denken ist nur begrenzt, ich aber bin unbegrenzt.

Du kannst mich nicht mit deinem Denken verstehen, denn dein

Denken ist dazu nicht in der Lage. Du kannst mich aber mit deinen Augen sehen und du kannst mich mit deinem Herzen spüren.

Also vertraue mir und vertraue dem Weg, den ich lehre. Ich sehe dich und ich sehe auch deine Sehnsucht. Ich weiß genau, dass es viele Dinge in deinem Leben gibt, von denen du dir wünschst, dass sie anders laufen würden, als sie es jetzt tun.

Vielleicht gibt es Konflikte mit anderen Personen, die du gerne lösen möchtest. In den meisten Fällen wünschst du dir Dinge, die du nicht erhalten kannst, weil du dich kleiner denkst als du bist.

Es kann sein, dass du dich in eine Person verliebt hast. Du möchtest sie unbedingt an deiner Seite haben, aber du denkst, du würdest sie sowieso nicht bekommen. Du denkst, du seiest nicht schön genug oder nicht selbstbewusst genug.

Es ist aber deine Liebe, die das Herz einer anderen Person gewinnen kann. Es ist deine Liebe, die eine Beziehung überhaupt erst möglich macht.

Ich kann dir helfen, jede Person zu bekommen, die du dir wünschst. Vorausgesetzt, es ist gut für dich und gut für sie, dass ihr eine Beziehung eingeht.

Es gibt immer einen Weg, wie man in das Herz einer anderen Person gelangen kann. Ich kenne jeden dieser Wege.

Ihr sucht häufig einfach nur einen Menschen, der euch Liebe gibt. Das ist ja auch in Ordnung, aber es führt zu Unglück, wenn man sich zu schnell in irgendwelche Beziehungen fest einbindet.

Ihr probiert Partner aus, wie man in einem Laden eine Hose anprobiert. Erst nehme ich den einen und wenn er mir nicht gefällt, dann trenne ich mich eben einfach von ihm. Dann hole ich mir einen neuen und irgendwann werde ich schon jemanden finden, der zu mir passt.

Dass ihr dabei Menschen so tief verletzen könnt, dass ihr deren ganzes Leben ruinieren könnt, dessen seid ihr euch kaum bewusst.

Außerdem werden viele Partner nur aus Gründen der sexuellen Gier begehrt. Viele spielen anderen etwas vor, sie würden sie lieben, in Wahrheit sind sie aber nur an der Sexualität interessiert.

Viele Beziehungen bauen auf Sexualität auf, anstatt dass sie auf Liebe aufbauen. Kein Wunder, dass so viele Beziehungen zerbrechen.

Ein Mensch sollte sich unter allen Umständen so lange von sämtlichen Personen des anderen Geschlechts fernhalten, bis er die nötige Reife erlangt hat, um eine Beziehung auch langfristig so führen zu können, dass der Partner nicht verletzt wird.

Man sollte sich sehr lange Zeit lassen, bis man sich entscheidet, mit jemandem eine feste Beziehung einzugehen. Man sollte nicht in eine Beziehung gehen, wenn man schon vorher die Absicht hat, dass diese Beziehung nicht lange halten soll.

Ihr seid es eurem Partner schuldig, dass ihr ihm all eure Liebe gebt, wenn ihr mit ihm eine Beziehung eingeht, bei der er euch sein Herz öffnet.

Plant nicht schon vorher, dass ihr ihm nur eure halbe Liebe geben wollt, damit er sich nicht zu stark an euch bindet. Gebt eurem Partner all eure Liebe oder geht gar nicht erst eine feste Beziehung mit ihm ein.

Wer auf meinem Weg geht, der ist immer und zu jeder Zeit vor allen Gefahren sicher. Wer nicht auf meinem Weg geht, der wird getreten, so stark, dass er selbstständig wieder auf den Weg zurückwechselt. Denn ich kann es nicht zulassen, dass ihr lange Zeit auf einem Weg geht, der euch sehr viel Leid bringen wird und bringt. Wer dann auf meinem Weg geht, der wird auch getreten, um seine Standfestigkeit zu testen.

Nur wer mit Mut und Kraft den Weg des Guten einschlägt, der verdient sich Gottes Gnade. Zeigt mir, dass ihr euch mit ganzem Herzen dazu entschlossen habt, euch zu bemühen, nur noch Gutes in eurem Leben zu tun.

Ihr könnt nicht gleich euren Lohn erwarten. Liebe verlangt nicht nach Lohn. Liebe ist der Lohn.

Aus Liebe zu mir und meiner Schöpfung und aus Liebe zu allen Wesen solltest du nur Liebe in deinem Leben verteilen. Du solltest es tun, weil es jedes Wesen auf dieser Welt verdient hat, von dir mit Liebe behandelt zu werden.

Es ist dein Wesen, nur Gutes zu tun und alles und jeden zu lieben. Das ist dein Wesen, das ist deine Natur. Nichts anderes möchtest du.

Die Menschen werden dir die Liebe zurückgeben, die du ihnen gibst.

Du hast zwei Möglichkeiten auf dieser Welt, entweder du tust Gutes oder aber du tust mal Gutes und mal Schlechtes. Wenn du nur Gutes tust, dann wirst du auch nur Glück in deinem Leben erfahren. Wenn du mal Gutes und mal Schlechtes tust, dann geht es in deinem Leben auf und ab wie in einer Achterbahn. So ist es bei den meisten Menschen von euch. Das ist aber nicht der Sinn deines Lebens.

Wenn du dich zurücklehnst und du deine Augen schließen kannst mit den Worten auf den Lippen: ›Ich bin wunschlos glücklich‹, dann hast du erreicht, was du erreichen solltest.

Um glücklich zu sein, musst du dein Leben auf eine Basis aufbauen, die niemals schwankt.

Alles ist vergänglich, nur Gott nicht. Jeder Mensch und jedes Tier stirbt irgendwann. Jedes materielle Gut löst sich irgendwann auf. Nur ich, der ich die ewige Herrlichkeit bin, ich existiere immer. Ich bin die herrlichste Herrlichkeit.

Alles, was auf dieser Welt herrlich ist, hat seine Herrlichkeit von mir. Meine Herrlichkeit spiegelt sich überall auf der gesamten Welt wieder. Du musst dein Leben auf mich aufbauen und du musst deine Beziehung auf mich aufbauen, dann wird alles so herrlich sein, wie ich es bin.

Dein Leben und deine Beziehung müssen ein Ausdruck meiner Herrlichkeit sein.

Nur die Liebe allein ist die Herrlichkeit dieser Welt. Alles, was herrlich ist, baut sich auf Liebe auf. Es gibt nichts Schönes und nichts Herrliches ohne Liebe.

Baue dein Leben auf mich auf, stütze dich auf mich, hole

meine Herrlichkeit in dein Leben. So wirst du ein wunderbares Leben führen.

Natürlich möchtest du wissen, wie du dieses erreichen kannst. Du weißt es schon lange. Ich habe es dir schon sehr oft gesagt.

Denke nichts Schlechtes, tue nichts Schlechtes und sprich nichts Schlechtes. Wenn du herrliche Dinge tust, dann wirst du dich auch an Herrlichkeit erfreuen können.

Eure Definition von Herrlichkeit ist sehr häufig falsch. Herrlich ist das, was Gott ähnelt. Deswegen heißt es ja auch herrlich. Etwas ist wie der Herr.

Ich bin nur Liebe und Reinheit. Ich bin die Reinheit, die die gesamte Welt am Leben erhält.

Ich bin das friedlichste Wesen, das existiert. Ich bin nur durch Liebe und Hingabe zu erreichen.

Wenn ihr euch mit berauschenden Getränken und anderen Drogen in einen Rausch bringt und ihr dann nächtelang in irgendwelchen Discos tanzt, dann ist dieses nicht herrlich. Es ist nicht herrlich, wenn ihr ohne Liebe solche Dinge tut.

Wenn ihr aber in eine feste Beziehung eingebunden seid und ihr mit eurem Partner in eine Disco geht, dann braucht ihr keine berauschenden Getränke, denn euer Partner sollte euch glücklich genug machen.

Wenn ihr dann in Liebe stundenlang mit eurem Partner irgendwo in einer Disco tanzt, dann ist dieses in Ordnung, weil die Basis Liebe ist. Es ist immer wichtig sich bei jeder Handlung zu überlegen, warum mache ich diese Handlung und welche Folgen kann sie haben.

Es ist streng verboten, seinem sexuellen Trieb zu folgen und deswegen von einem Bett ins nächste zu springen.

Es ist auch verboten, irgendwas zu genießen, wenn es auf Kosten anderer geht. Du hast Recht, wenn du einwirfst, dass ja die westliche Welt auf Kosten der armen Länder lebt. Die reiche Bevölkerung lebt auf Kosten der armen Bevölkerung.

Natürlich gibt es Hilfsorganisationen, die durch Spenden sehr viel bewirken können, aber im Großen und Ganzen ist das alles viel zu wenig.

Es ist genug Reichtum vorhanden, um allen Menschen zu einem akzeptablen Lebensstandard zu verhelfen. Ihr seid aber nicht willig, euren Überfluss abzugeben. Viele von euch leben in Prunk und Luxus und wissen gar nicht, wohin mit dem Geld. Es ist völlig sinnlos, wenn man materielle Güter im Überfluss hat.

Ich werde persönlich dafür sorgen, dass jeder Mensch auf dieser Welt das erhält, was er zum Leben braucht, und diejenigen, die sehr viel mehr haben, als sie zum Leben brauchen, die werden sehr viele Dinge abgeben müssen.«

DAS LEBENSNOTWENDIGE

Das, was ein jeder von euch braucht, ist Liebe. Die bekommt ihr, wenn ihr den anderen Menschen mit Liebe begegnet und wenn ihr in der Lage seid, eine Beziehung zu führen, die nicht auf Sexualität aufgebaut ist, sondern auf Liebe.

Ihr braucht außerdem eine anständige Bildung und ein Dach über dem Kopf. Ein Dach über dem Kopf und die nötige Kleidung, um sich bei jeder Wetterlage richtig anziehen zu können.

Außerdem braucht ihr Nahrung und einen Arbeitsplatz, um euch sinnvoll beschäftigen zu können. Natürlich müsst ihr dort auch Geld verdienen, um euch euren Lebensunterhalt leisten zu können.

Alles dieses ist notwendig und das sollt ihr auch haben.

Ihr braucht aber keinen Fernseher und auch nicht drei Autos. Ihr müsst auch kein eigenes Schwimmbad besitzen und ihr solltet lieber das essen, was gesund ist, als sich immer von den Dingen zu ernähren, die euch dick und träge machen.

Wenn ihr die lebensnotwendigen Dinge besitzt, dann könnt ihr ein glückliches Leben führen. Wenn ihr aber Dinge anhäuft, die ihr eigentlich nicht braucht, und es euer Lebensziel ist, Geld zu verdienen, um euch diese unsinnigen Dinge zu kaufen, dann muss euer Leben zwangsläufig unglücklich verlaufen.

Die Männer sagen häufig: ›Aber ich brauche doch einen Mercedes und ich brauche doch die besten Klamotten. Wenn ich diese Dinge nicht besitze, dann kann ich nicht genügend Ansehen erlangen und die Frauen mögen ja lieber Männer mit teuren Autos und guten Klamotten.‹

Es ist schlimm, wenn Menschen nach ihren Reichtümern beurteilt werden, statt nach ihrem Charakter. Reichtum ist nicht Charakter. Reichtum mit Charakter kann der Gesellschaft helfen. Reichtum ohne Charakter ist Gift für alle. Warum?

Weil solche Menschen meinen, sie seien etwas Besseres als die anderen, nur weil sie mehr Geld auf ihrem Konto haben.

Reichtum führt dazu, dass die Menschen überheblich werden und nicht mehr an die wirklichen Werte denken, die wichtig sind, um diese Gesellschaft am Leben zu erhalten. Die Reichen halten viel Macht in den Händen. Aber sie nutzen sie falsch.

Es ist gegen die göttliche Ordnung, dass die einen mehr haben, als sie benötigen und die anderen weniger haben, als sie benötigen und deswegen sogar sterben müssen.

Warum geben die Reichen nichts von ihrem Luxus ab? Weil sie meinen, sie hätten sich ihren Reichtum hart erarbeitet. Arbeit ohne Liebe und ohne Moral ist keine Arbeit.

Solche Arbeit ist pure Zeitverschwendung. Jegliche Arbeit sollte zum Wohl aller verrichtet werden.

Ich weiß, dass viele Menschen es sich nicht aussuchen können, welche Arbeit sie annehmen können. Viele sind froh, wenn sie überhaupt einen Arbeitsplatz haben. Denke während deiner Arbeit an die lieben Menschen dieser Welt.

Nutze deine Kraft, um Gutes zu unterstützen und Gutes zu fördern. Nutze deine Kraft nicht, um auf Kosten anderer ein Vermögen anzuhäufen.

Wenn du traurig auf dem Boden bist und wegen deines Leids

weinst, tröstet dich dann dein Geld? Kann dein Auto dich trösten und wärmende Worte zu dir sprechen?

Wenn du an einer Krankheit erkrankt bist, die eure Ärzte nicht heilen können, kann dann deine Villa dich heilen?

Was nützen dir deine Besitztümer, wenn du traurig bist? Können sie dir Liebe geben?

Manchmal fühlst du dich groß, weil du etwas besitzt. Aber welchen Wert hat materieller Besitz, außer dich am Leben zu erhalten.

Wenn du zusammensinkst und erkennst, dass dein Herz nach Liebe schreit, wenn du zusammensinkst und erkennst, dass du dir Liebe nicht erkaufen kannst, dann bist du am Boden zerstört und die Trauer kriecht in dein Herz und sie frisst dich auf. Was machst du dann?

Dein Geld nützt dir nichts. Es kann nicht die Wunden heilen, die entstehen, wenn man lieben möchte, es aber nicht kann. Welchen Sinn hat dein Leben? Willst du deine Kraft einsetzen, um immer wieder enttäuscht zu werden?

Viele von euch verlieren das Vertrauen in sich und in ihre Kraft.

Wenn du gerade verlassen wurdest, dann weißt du, wie furchtbar es ist, wenn jemand, den man liebt, einen verlässt. Und du fragst dich warum? Warum musst du leiden?

Du kannst nicht verstehen, warum du immer wieder fällst. Du versuchst alles und trotzdem bist du nicht erfolgreich. Warum ausgerechnet ich? Warum muss gerade mir das passieren? Du kannst nicht verstehen, weil du nicht bereit bist zu opfern.

Dem Herrn muss alles geopfert werden. Es reicht nicht, wenn du ab und zu betest. Du musst dich in meine Hand geben, du musst mir vertrauen und du musst bereit sein, alles über dich ergehen zu lassen, was es auch sein mag, denn nichts kann dir einen Schaden und nichts kann dir eine Wunde zufügen, wenn du meinen Namen auf deinen Lippen hast.

Denke an mich, wenn die Schwierigkeiten in deinem Leben sich ausbreiten und dich zu überwältigen scheinen.

Denke an mich, wenn du weinst und Hilfe brauchst.

Denke an mich, wenn du dir etwas wünschst, du aber denkst, dass es für dich unerreichbar ist.

Denke an mich, wenn du fröhlich bist und alles für dich wunderbar verläuft.

Denke an mich, wenn du glücklich bist und wenn du traurig bist.

Denke immer und zu jeder Zeit an mich. An mich, der ich deine Kraft bin.

Ich wohne in deinem Herzen, aber du kennst mich nicht.

Ich wohne in deinem Herzen, aber du vergisst, dass ich dort wohne.

Ich bin deine einzige Stütze auf dieser Welt.

Jeder Mensch ist fehlerhaft. Ich bin ewig rein und fehlerlos.

Ich kenne deine Zukunft und ich kenne deine Vergangenheit.

Ich bin der Verwalter über alle Kräfte, die auf eurer Erde walten.

Und du fragst dich, warum du leiden musst? Weil du nicht siehst. Du siehst den Ausgang nicht.

Wie kannst du glücklich sein, wenn du mich verleugnest?

Warum behauptest du, Gott existiert nicht? Und wenn du dieses nicht behauptest, warum lebst du dann so, als existierte ich nicht?

Du hast vielleicht schon einmal gehört, dass ich immer und zu jeder Zeit überall gegenwärtig bin. Wenn du schon einmal gehört hast, dass ich immer und überall gegenwärtig bin, warum kannst du dann schlecht über andere Menschen sprechen?

Warum kannst du anderen Wesen Böses antun? Du weißt doch, dass ich alles sehe? Denkst du, ich sehe über alles einfach hinweg? Ich sehe über gar nichts hinweg!

Ich vergebe alles, wenn du mit einem reinen Herzen Reue zeigst. Ich strafe, aber nicht sofort.

Es wäre zu einfach zu durchschauen.

Ich erwarte Glaube und Hingabe an mich. Du musst an mich

glauben und du musst mir vertrauen, obwohl du mich nicht verstehen oder erklären kannst.

Es ist nicht leicht für dich, an etwas zu glauben, das du mit deinen Gedanken nicht erfassen oder verstehen kannst. Aber du musst an mich glauben.

Ich bin deine einzige Hoffnung, um aus diesem Leid zu entfliehen, in dem du dich befindest.

Du hast das Gefühl, es passiert ja gar nichts, wenn ich anderen Menschen etwas Böses antue. Woher weißt du das?

Nehmen wir einmal folgende Situation an: Du hast eine Freundin und du hast irgendwann einfach keine Lust mehr auf sie. So würdet ihr es sagen. Nicht aber aus Lust, sondern aus Liebe sollte man sich eine Freundin suchen. Lust ist vergänglich. Mal hat man sie und mal hat man sie nicht. Liebe aber ist niemals vergänglich. Alles andere ist keine wahre Liebe.

Der Herr ist Liebe. Seine Gestalt ist Liebe. Der Gott, den ihr anbetet, der Gott, durch den ihr lebt, ist in jedem Wesen als Liebe vorhanden.

Liebe dient.

Liebe rettet.

Liebe ist Leben.

Sie bindet Menschen zusammen.

Ohne Liebe kann es kein Universum geben.

Liebe weitet sich aus, um die ganze Schöpfung zu umarmen.

Liebe ist geduldig.

Liebe ist gütig.

Liebe ist nicht eifersüchtig.

Sie macht sich nicht wichtig.

Liebe sucht nicht die eigene Bestätigung; sie ist nicht anfällig für Ärger noch brütet sie über Verletzungen.

Liebe freut sich an der Wahrheit.

Es gibt keine Grenze für die Nachsicht der Liebe, ihre Hoffnung und ihre Kraft zu ertragen.

Liebe kennt keine Furcht, keine Unwahrheit, keine Besorgnis, keinen Kummer.

Liebe ist Glückseligkeit.

Sie lebt vom Geben und Vergeben.

Liebe ist immer selbstlos.

Sie ist ewig süß, ewig rein.

Sie braucht kein Motiv.

Sie braucht kein Warten.

Ich bin Liebe, ich schütte Liebe aus, ich teile Liebe, ich erfreue mich an Liebe.

Ich segne euch, damit ihr mehr und mehr Liebe habt, zu mehr und mehr Wesen.

Liebe ist Gott.

Lebt in Liebe.

Je mehr sie geteilt wird, umso tiefer wird sie, umso süßer ist ihr Geschmack und umso größer ist die Freude, die sich in euren Herzen ausbreitet.

Wenn ihr in der Liebe lebt, seid ihr in der Gegenwart Gottes.

So lebt ihr in Gott, denn Gott ist immer Liebe.

Hast du dir das einmal überlegt, bevor du eine Beziehung eingegangen bist?

Wenn du einen Menschen nicht mit einer Liebe liebst, die diese Eigenschaften hat, dann solltest du auch nicht eine Beziehung mit ihm eingehen. Ein Menschenherz ist zart und verletzlich.

Wenn ein Mensch liebt, dann öffnet er sein Herz. Je weiter er es öffnet desto, schutzloser wird sein Herz gegenüber Angriffen von außen.

Ein menschliches Wesen sucht nach Liebe. Dann kommt einer und behauptet, er würde es lieben.

Dieses Wesen macht sich Hoffnung, dieses Wesen vertraut, dieses Wesen glaubt dem Menschen und es versucht ihm das Wertvollste zu geben, welches es besitzt. Eine Liebe, die aus den tiefsten Tiefen seines Herzen kommt.

Es glaubt, der andere würde diese Liebe annehmen. Es ver-

traut ihm. Aber das andere Wesen interessiert sich vielleicht nur für seinen Körper.

Irgendwann verlässt dann das eine Wesen das andere. Das eine Wesen wirft das andere ab, wie man einen Schuh in die Ecke wirft, wenn man ihn nicht mehr tragen möchte. Wie einen Gebrauchsgegenstand wirft er das Wesen weg.

Er zerstört damit die Hoffnungen dieses Wesens und in das schutzlose Herz schießt er Pfeile, die schreckliche Wunden schlagen können. Ein Wesen hat das Kostbarste gegeben und das andere Wesen lässt es dann im Stich. So kann ein ganzes Leben zerstört werden.

Ich habe Wesen geschrieben, weil es Männer genauso machen wie Frauen. Solche Geschichten passieren täglich tausendfach. Du suchst dir dann schnell einen neuen Partner.

Ich aber habe es gesehen. Ich weiß, was du getan hast. Du hast eine Verantwortung.

Jeder muss sich darüber im Klaren sein, dass er anderen Menschen schlimme Verletzungen zufügen kann, wenn Liebe im Spiel ist. Auch wenn keine Liebe im Spiel ist, dürfen andere Wesen nicht verletzt werden.

Aber niemals ist ein Mensch so verletzlich, wie wenn er liebt. Du hast also einen Menschen auf diese Art und Weise im Stich gelassen.

Weiterhin passiert dir nichts Böses und du verlebst zufriedene Jahre.

Zehn Jahre später hast du dann diese Geschichte schon vergessen. Du gehst dann eine Beziehung ein und du bist so glücklich wie nie zuvor. Dann aber kommt der Tag, an dem der Partner dich verlässt. Du bist am Boden zerstört. Du weißt nicht warum.

Dann machst du mich dafür verantwortlich oder aber du klagst die andere Person an. Du meinst, sie hat dich aus reiner Boshaftigkeit verlassen. Aber du bist dafür verantwortlich. Du hast dir dieses Schicksal selbst vorherbestimmt, damals als du diese eine Person sehr verletzt hast. Du hast sie im Stich gelassen und so wirst du nun im Stich gelassen.

Ich kenne die Zusammenhänge, ich kenne sie alle. Ihr aber wundert euch, wenn ihr leidet.

Oft meinst du, du seiest an einem verübten Unrecht völlig schuldlos. Aber woher willst du das wissen?

Viele von euch meinen, wenn sie anderen Wesen Böses tun, weil diese vorher auch Böses getan haben, dann sei das gerecht. Nein. Es ist nicht gerecht und ich akzeptiere es nicht.

Welches Recht nimmst du dir, anderen Menschen Böses anzutun? Kannst du die Folgen vorhersehen? Weißt du, was deine Tat anrichtet?

Was ist, wenn deine Handlung bei der anderen Person Handlungen auslöst, die viele unschuldige Menschen leiden lässt? Dann bist du dafür mitverantwortlich. Kannst du das vorhersehen? Nein, du kannst es nicht.

Wenn dich dann aber ein Mensch verlassen hat, weil du in der Vergangenheit einst jemanden verlassen hast, dann hat dieser Mensch dir nur dein gerechtes Schicksal zugeführt. Wenn du ihn jetzt dafür bestrafst, weil du diesen Zusammenhang nicht erkennst, dann tust du Unrecht.

Natürlich müssen Menschen bestraft werden.

In deinem Land gibt es eine sehr gute Verfassung. Die Gerichte sollen entscheiden, was Recht ist und was nicht. Aber du solltest niemals alleine irgendwelche Menschen verurteilen.

Natürlich kann das Gericht sich nicht um alles kümmern. Aber du musst immer eine Grundregel beachten:

Egal, was dir auch immer passiert, versuche niemandem je etwas anzutun.

Jeder muss sich wehren, wenn er nicht mehr anders kann. Ja, das musst du.

Aber wie du dich wehrst, das bleibt dir überlassen. Behalte eine klare Linie. Hilf immer, verletze nie. Nur so handelst du nach meinem Willen.

Meine Liebe ist so groß, dass ich jedem leidenden Menschen den Weg nach vorne zeige. Jedes bisschen Leid, welches du er-

tragen musst, ist mit einem Wegweiser zu einem besseren Leben ausgestattet.

Durch das Leid geht es dir schlecht, aber du kannst auch aus ihm lernen. Nur deine Lebensweise führt zu Leid. Wenn du dein Leben veränderst, sobald du leidest, dann ist dir der Sieg gewiss.

Am besten ist es allerdings, wenn du dein Leben schon vorher so veränderst, dass du einen guten und liebevollen Weg gehst.

Ich erkläre dir nun an dem Beispiel, welches ich dir vorhin gegeben habe, wie du aus Niederlagen lernen kannst.

Du solltest ein liebevoller und mitfühlender Mensch sein. Wenn du dieses nicht bist, dann kannst du auch keine Beziehung führen, die dich auf Dauer glücklich machen wird. Das wünscht du dir aber. Da du aber den Weg nicht kennst, dich dorthin zu entwickeln, lebst du dann einfach so vor dich hin.

Nehmen wir einmal an, du hast einen Partner auf grausame Art und Weise verlassen, dann wirst du etwa zehn Jahre später auf dieselbe oder auf eine ähnliche Art und Weise verlassen. Dieses kommt dir dann wie eine Strafe vor.

Es ist auch eine Strafe, aber gleichzeitig ist sie ein Wegweiser, um dir zu helfen, dich auf eine glückliche Beziehung vorzubereiten. Nachdem du verlassen wurdest, musst du dich fragen, warum wurde ich verlassen? Jeder fragt sich das.

Wenn etwas passiert, was dir nicht gefällt, dann solltest du die Fehler immer zuerst bei dir suchen. Wenn du sie suchst, aber nicht findest, dann kannst du mit einem reinen Gewissen weiterleben.

Wenn du aber einen Fehler findest, dann solltest du alles daran setzen, um ihn zu beheben. Aber dein Ego wehrt sich häufig dagegen. Dein Ego ergreift die Macht über dich. Dein Ego sagt, du hättest immer Recht und die anderen seien meistens oder immer schuld. Irgendwelche falschen Begründungen werden dir dann schon einfallen, um dir einzureden, dass immer die anderen schuld sind.

Aber das bringt dich nicht weiter.

Wenn du jetzt sagst, die böse, gemeine Person hat dich verlassen und du seiest völlig schuldlos, dann wirst du so weiterleben wie bisher. Dann gehst du wieder eine Beziehung ein und sie wird wieder scheitern. Sie wird scheitern.

So oft, bis du die Fähigkeiten entwickelt hast, eine anständige Beziehung zu führen.

Sehr schlimm ist es auch, dass es so viele gescheiterte Beziehungen gibt und die Partner dennoch zusammenleben.

Ich rate nicht zu einer Trennung, aber wenn die Menschen auf Kosten ihrer Kinder eine Scheinbeziehung leben, dann werden unschuldige Personen in dieses Unglück mit hineingezogen. Viele Beziehungen sind tot. Es ist keine Liebe mehr zwischen den Menschen vorhanden und so ist das Zusammenleben ein Alptraum.

Wie kann es aber sein, dass man einen Menschen, den man einst geliebt hat, jetzt anschreit und verurteilt? Wie kann man plötzlich jemanden nicht mehr lieben? Wie kann es passieren, dass eine herrliche Beziehung plötzlich zugrunde geht?

Wenn du einen Menschen liebst, dann frage dich folgendes: Liebst du ihn, oder liebst du seinen Körper? Wirst du ihn auch lieben, wenn er alt und gebrechlich sein wird? Wirst du ihn auch lieben und ihm zur Seite stehen, wenn er plötzlich, wegen eines Unfalls, im Rollstuhl sitzen muss? Wirst du ihn auch lieben, wenn er sich verändert? Wirst du ihn auch lieben, wenn er so große Schwierigkeiten hat, dass er dir nicht mehr alles geben kann, was du dir von ihm wünschst? Wirst du immer Verständnis für seine Situation haben?

Er ist ein Wesen genau wie du. Auch er hat Fehler, auch er hat Schwächen, wirst du sie ihm zugestehen?

Was willst du von deinem Partner? Dass er mit dir schläft? Dass er dir seinen Körper zu deiner freien Verfügung stellt? Erwartest du dieses von ihm?

Willst du, dass er für dich arbeitet? Willst du, dass er Dinge für dich tut, weil du auch viele Dinge für ihn getan hast?

Würdest du für deinen Partner alles geben, auch wenn du nur ein Lächeln von ihm bekommen würdest? Bist du bereit mehr zu geben, als du annehmen kannst? Liebst du ihn ohne Bedingung? Ohne eine einzige Bedingung?

Stelle dir diese Fragen. Frage dich dies, bevor du eine Beziehung eingehst. Stelle sicher, ob sich dein Partner all diese Fragen auch gestellt hat.

Liebe ist bedingungslos. Sie braucht keine Motivation. Sie liebt und liebt und liebt.

Ihr Menschen aber, ihr verknüpft die Liebe mit Bedingungen. Ihr verknüpft sie mit Bedingungen und Wünschen und Erwartungen.

Wenn ihr dann nicht erhaltet, was ihr euch wünscht, dann seid ihr unzufrieden und eure Liebe lässt nach. Das darf nicht sein. Das ist eine falsche Ausrichtung. Der Partner muss als Wesen geliebt werden, völlig unabhängig davon, was er tut.

Die Liebe bestimmt die Handlungen eines Menschen, liebt seine Liebe, liebt nicht die Handlungen. Nur so kannst du glücklich werden. Nur so.

Du hast ja genügend Zeit dir zu überlegen, ob du mit einem Menschen eine Beziehung eingehen möchtest oder nicht.

Ja, ja, ich kenne eure Gesellschaft. Wenn einer von euch erzählt, er habe jetzt einen Freund oder eine Freundin, dann ist die erste Frage, die die anderen stellen: ›Sieht er oder sie gut aus?‹

Danach beurteilt ihr dann einen Menschen.

Was aber bedeutet es, gut auszusehen? Für die Frauen bedeutet das nicht, dass sie sich übermäßig schminken und Kleidung tragen müssen, die signalisiert, dass sie Sexualität mit vielen wechselnden Partnern lieben. Gerade die jungen Frauen zeigen schon in den jüngsten Jahren diverse Köperteile.

Ein gut gepudertes Mädchen mit einer großen Oberweite und dünner, leicht durchschaubarer Wäsche heißt dann bei euch gut aussehend.

Die Jungen müssen einen guten Oberkörper haben und tolle Kleidung tragen.

Ganz schnell macht man sich dann die eine oder andere Person zum Freund oder zur Freundin, um vor seinen Freunden und Freundinnen damit angeben zu können.

Und was bringt euch das? Ich kann es euch sagen:
Es bringt euch diesen katastrophalen Zustand ein, der auf dieser Welt und in euren Beziehungen herrscht. Das bringt es euch ein.
Damit verbunden ganz viel Leid, ganz viele Enttäuschungen und Verletzungen, die tiefe Wunden hinterlassen.
Das alles nehmt ihr in Kauf, weil ihr euer Ego aufplustern möchtet. Euer Ego, das euch sagt, ihr seid nur ein guter und wertvoller Mensch, wenn die anderen euch anerkennen.
Wenn ihr dann nämlich den gleichen Müll macht wie die anderen, dann erkennen sie euch an. Wenn ihr etwas anderes tut, dann erkennen die meisten euch nicht mehr an.
Und was bringt euch die Anerkennung?
Wenn ihr dann am Boden liegt und Tränen der Verzweiflung weint, werden euch dann die anderen helfen? Viele nicht, weil sie meinen, jemand, der Gefühle zeigt, sei out. So nennt ihr das.
Man soll also keine Gefühle zeigen, dann ist man cool und dann wird man anerkannt.
Was aber muss man tun, um seine Gefühle nicht zu zeigen? Man muss sie einfach ignorieren. Man muss sie betäuben. Mit Disco, Fernsehen, Hasch, Zigaretten und noch vielem mehr.
Was aber bleibt, sind irgendwelche Triebe, denen ihr dann noch hinterherjagt.
Wenn es euch so scheint, als würde ich mich mit diesen Aussagen nur an die junge Bevölkerung wenden, dann täuscht ihr euch.
Die Erwachsenen machen diese Dinge noch genauso falsch wie die Jugendlichen. Nur ist es dann so, dass sich die Erwachsenen in Arbeit flüchten, oder sie tun andere Dinge, um ihre Gefühle zu unterdrücken.
Das ist der falsche Weg. Du darfst diesem Weg nicht folgen. Du musst dich von diesem Weg trennen, auch wenn du dabei Ansehen bei den anderen Menschen verlierst.

Menschen, die nicht die Menschen achten, welche dem Weg des Guten folgen, deren Gesellschaft sollte man meiden. Solche Menschen braucht man nicht in seiner Nähe zu haben.

Es ist wichtig, dass du erkennst, dass nur die Liebe allein dich glücklich machen kann. Du musst dich auf das Wesentliche konzentrieren. Auf den Kern eines jeden Wesens.

Ihr aber schaut auf den Körper. Wenn jemand gut aussieht, dann ist das für euch ein Grund, dass ihr mit ihm eine Beziehung eingehen wollt.

Ihr müsst ihn aber zuerst kennen lernen. Lernt ihn kennen, so gut es geht. Findet heraus, wie er wirklich ist.

Nur dann könnt ihr euch auf einer sicheren Basis für ihn entscheiden. Die Liebe eines Menschen spiegelt sich in seinen Gesichtszügen wider. Ein Mensch, der Liebe in seinem Herzen trägt und sie dauerhaft mit anderen Menschen teilt, der wird ein strahlendes Gesicht besitzen. Dann sieht er wirklich gut aus.

Ihr müsst euch auf die Liebe in den Herzen ausrichten. Nicht auf die sexuelle Anziehungskraft, die euch nur so stark beeinflusst, weil ihr eure Triebe nicht unter Kontrolle habt.

Das Ego möchte immer mehr. Immer mehr Partner, immer mehr Geld, immer schnellere Ergebnisse. Aber es bringt nichts.

Denn das Geld kann dich nicht trösten, wenn du traurig bist. Du musst immer mehr Liebe entwickeln. Du musst deinen Charakter entwickeln.

Werde ein guter Mensch und sei bescheiden. Nur dann kannst du dir meine Gnade verdienen.

Wenn du dich jetzt fragst, welche Macht ich habe, dann unterschätze sie niemals. Vieles kannst du selbst entscheiden. Wenn du handelst, dann bist du dafür verantwortlich.

Es gibt aber auch Dinge, die außerhalb eures Machtbereichs liegen. Ereignisse, die euer ganzes Leben steuern. Diese Ereignisse nennt ihr Zufälle. Ereignisse, die einfach rein zufällig passieren. Ohne Gesetz, einfach willkürlich und ohne jegliche Ordnung.

Zufälle können schlimme Folgen haben. Sie können dir sogar den Tod bringen. Wenn zufällig gerade dein Flugzeug abstürzt oder zufällig gerade das Seil des Fahrstuhls reißt, in den du gerade eingestiegen bist, dann kann dich das dein Leben kosten.

Du kannst jederzeit rein zufällig krank werden. Außerdem können aus unangenehmen Zufällen viele Verwicklungen und Missverständnisse entstehen, die dir sehr unangenehm werden können.

Alle Katastrophen dieser Welt können dir passieren, oder sie können rein zufällig verhindert werden. Genauso zufällig kannst du aus dem Fahrstuhl ein Stockwerk vorher aussteigen, bevor das Seil reißt.

Genauso zufällig kannst du das Flugzeug verpassen, das dann später abstürzt.

Du hast keine Macht über diese Dinge. Ich habe die Macht. Diese Ereignisse heißen Zufall, weil dir zufällt, was du dir in deinem Leben erarbeitet hast.

Bist du ein guter Mensch, dann werde ich dir ständig helfen, bist du ein schlechter Mensch, dann wirst du sehr viele unangenehme Zufälle haben.

Ich kann entscheiden, ob und wann du eine Person treffen wirst, mit der du glücklich werden kannst. Du bist auf meine Gnade angewiesen.

Du musst erkennen, dass ich hinter allen Zufällen verborgen bin. Du musst versuchen, die wichtigsten Zufälle zu analysieren und aus ihnen zu lernen.

Wenn du also weißt, dass ich dich dazu bringen möchte, ein guter Mensch zu werden und alles zu unterlassen, was anderen Wesen schadet, dann kannst du sehr schnell erkennen, welches System hinter den so genannten Zufällen verborgen liegt.

Wenn du es aber niemals erkennst und immer denkst, alles sei nur zufällig, dann lernst du es nicht. Du musst es aber lernen. Wenn du nicht lernst, was du lernen sollst, dann wirst du es mit Gewalt lernen müssen.

Bevor ein Mensch sich vollends selbst zugrunde richtet, erwirke ich häufig durch einen sehr unangenehmen Schlag eine grundlegende Veränderung in seinem Leben.

Manchmal ist es so einfach zu erkennen, was ich euch mitteilen möchte.

Da ist zum Beispiel ein Junge, der sieht viel zu viel Fernsehen. Dieses macht ihn träge und faul.

Im Übrigen seid ihr ständig faul und kraftlos, weil ihr eure Kraft nicht für das Richtige einsetzt. Wenn ihr eure Kraft einsetzt, um euch nächtelang zu betrinken, dann weigert sich der Körper, diese Tortur länger mitzumachen.

Ich möchte also den Jungen dazu bringen, zu erkennen, dass er aufhören muss, stundenlang vor dem Fernseher seine kostbare Zeit zu vergeuden. Zuerst mache ich es friedlich.

Ein Freund versucht, sich mit ihm zu verabreden und versucht, ihn davon zu überzeugen, dass man seine Zeit sinnvoller nutzen kann, wenn man andere Dinge tut, als viele Stunden vor dem Fernseher zu verbringen.

Die herrliche Variante ist, dass dieser Junge eine Freundin bekommt, mit der er sich so häufig verabredet, dass er fast keine Zeit mehr zum Fernsehen hat.

Oder aber er bekommt furchtbare gesundheitliche Probleme, so furchtbar, dass er eine ganze Zeit nicht mehr fernsehen kann.

Welche Methode ich anwende, hängt davon ab, wie lernfähig du bist, aber es hängt vor allem davon ab, wie viel Gutes oder Schlechtes du in deinem Leben getan hast. Das Gute wie das Schlechte aus deinen früheren Leben gehört auch dazu.

Du weißt zwar nicht, was du in deinen früheren Leben getan hast, du solltest aber zumindest sicherstellen, dass dir Dinge aus früheren Leben in diesem Leben nicht mehr schaden können. Das kannst du nur, wenn du mich darum bittest, dich von jeglicher Schuld aus früheren Leben zu befreien.

Wenn du dieses mit einem reinen Herzen und mit großer Aufrichtigkeit tust, dann hast du aus den früheren Leben nichts mehr zu befürchten. Du hast die Pflicht, dich weiterzuentwickeln und du hast die Pflicht, dich anständig zu verhalten.

Ich habe dich erschaffen. Du bist ein Gast auf meiner Welt. Du musst wissen, dass ich alles sehe. Du musst dich auch so verhalten.

*Wenn du anderen Menschen Schlechtes antust und du lebst,
als sei ich nicht vorhanden, dann werde ich dir demonstrieren
müssen, dass ich vorhanden bin, egal, ob du es glaubst oder ob
du danach lebst oder nicht.*

*Du wirst früher oder später auf dem Boden zusammensinken
und erkennen, dass deine Macht so klein und winzig ist, wenn
du denkst, du könntest ohne mich leben.*

Niemand kann ohne meine Hilfe irgendetwas erreichen.

*Wenn du also wirklich glücklich sein möchtest, dann lebe so,
als würde ich immer neben dir stehen.«*

ICH BIN SO, WIE ICH BIN

*Viele Menschen wollen heute nichts von Gott wissen, weil die
Pastoren in der Kirche viele Sachverhalte nicht erklären können. Die Menschen und kirchlichen Institutionen stützen sich auf
alte Schriften, deren Auslegung aber immer sehr umstritten ist.*

*Es ist sinnlos, ständig über die Auslegung irgendwelcher Schrif-
ten zu diskutieren, es kann zwar Freude bereiten, aber ihr solltet
euch lieber darum bemühen, das, was ihr lest, in euer Leben und
in euer Wesen zu integrieren.*

*Ich weiß, wie wertvoll diese Schriften sind, aber ich messe ih-
nen nicht den Wert bei, den die Menschen ihnen beimessen.*

*Nicht die Schrift, sondern die Handlung ist das Entscheidende.
Sehr viele Menschen sagen, was man tun muss, aber kaum jemand tut es.*

*Das Rezitieren heiliger Sprüche macht einen Menschen nicht
heilig. Regelmäßige Kirchenbesuche auch nicht.*

Nur der Mensch, der auch hilft, kann meine Gnade gewinnen.

Es nützt nichts, wenn man viel redet, aber nichts tut.

Viele Menschen hören von mir und beginnen sofort damit,

mich zu verleugnen und meine Anhänger zu verspotten. Sie machen sich nicht die Mühe, einiges von mir zu lesen, geschweige denn, dass sie mich hier besuchen.

Wie kann man so leichtfertig meine Anhänger verspotten? Mit welchem Argument werde ich verspottet?

Ich entspreche nicht den Vorstellungen des Christentums. Natürlich nicht, ich bin nicht nur für die Christen gekommen.

Bei aller Verehrung sollten die Christen wissen, dass Christus mein Sohn war, ich aber bin sein Vater. Ich bin also weitaus mächtiger, als es Christus jemals war.

Ich lehre Dinge, bei denen die Haare vieler Menschen zu Berge stehen, weil sie die Wahrheit nicht ertragen können.

Ihr lebt lieber in dem Sumpf von Unrecht und Leiden, als dass ihr euch eingesteht, dass ihr den falschen Weg geht.

Christus wurde umgebracht, weil die Menschen nicht wollten, dass jemand sie mit all ihren Sünden konfrontierte.

Wenn niemand da ist, der die Verbrecher überführt, dann können sie ihre Handlungen weiterhin so ausführen, wie sie es sich vorstellen. Ich aber werde alle überführen und über die Verbrecher richten. Ich werde alle Sünden aufdecken und ich werde persönlich dafür Sorge tragen, dass jeder das bekommt, was er verdient hat.

Es gibt Menschen, die tun Dinge, die an Grausamkeit kaum zu überbieten sind. Ich warne diese Menschen, denn sie sollten sich fürchten. Nachdem ich mich der Welt gezeigt habe, werde ich mit harter Hand regieren.

Ich gestatte nicht, dass hier Menschen leben, die kleine Kinder zuerst vergewaltigen und danach umbringen.

Viele denken, die Gläubigen stützen sich auf einen Gott, der ihnen ja doch nicht helfen kann und wird. Dieses Trugbild wird fallen, weil ich es will.

Es kann sein, dass sehr viele bösartige Menschen auf dieser Welt das Feld räumen müssen und dann erst in ihrem nächsten Leben die Chance bekommen, es besser zu machen.

Nur der Körper stirbt, das Wesen aber wird immer unsterblich bleiben.

Ich vergebe und stütze, ich bin aber auch dazu verpflichtet, die Guten zu schützen. Mit allen Mitteln der Liebe und der Gerechtigkeit, denn ich bediene mich nicht anderer Mittel.

Also warne ich die Verbrecher dieser Welt, ich werde mit harter Hand regieren. Jeder wird eine Chance bekommen, sich vor mir für sein Verhalten zu rechtfertigen.

Ich handle so, wie ich es will.

Die anderen Menschen, lieber Jonas, die noch nicht hier waren, die haben die Möglichkeit, mich hier zu besuchen. Sie sollten diese Chance nutzen.

Bald werden mich hier so viele Menschen besuchen, dass man mich nur noch als einen Punkt in der Ferne sehen kann. Ich werde nicht mit einer Handbewegung die ganze Welt wieder in einen blühenden Planeten verwandeln.

Nein, das werde ich nicht tun. Ich werde dafür sorgen, dass jeder Mensch das, was er angerichtet hat, auch wieder rückgängig macht.

Ihr werdet also selbstständig diese Welt wieder in einen blühenden Planeten verwandeln. Nach meinen Richtlinien und unter meiner Führung. Alles im Dienste des Herrn.

Ich werde euch unterstützen und euch helfen, alle Schwierigkeiten zu überwinden.

Gerade die Verbrecher werden die Gnade erlangen, für mich eine ganze Stadt errichten zu dürfen. So werde ich selbst die schlechtesten Menschen wieder zum Guten zurückführen.

Mit Demut und Hingabe dürfen dann die Verbrecher mir eine Stadt errichten und so lernen, was Liebe bedeutet. Ich werde sie von ihrem Irrweg erlösen und ihnen die Möglichkeit geben, ein neues und herrliches Leben zu beginnen.

Alle Menschen können und müssen gemeinsam eine neue Welt errichten.

Eine Welt, auf der nur noch Liebe und Kameradschaft vorhanden sein wird.

Unter meiner Anleitung wird die Welt in einen blühenden Planeten verwandelt werden.

Jeder wird die Chance erhalten, sich mir anzuschließen.

Doch nur die, die reinen Herzens dazu bereit sind, sich mir anzuschließen, nur die werden weiterhin eine Daseinsberechtigung auf diesem Planeten erhalten.

Menschen, die versuchen, mit Boshaftigkeit die guten Menschen an ihren Plänen zu hindern, obwohl ich anwesend bin und über alles wache, die müssen durch eine neue Geburt gehen und so lernen, was es bedeutet, dem Herrn und der Gesellschaft voll Freude und Hilfsbereitschaft zu dienen.

Ich werde also jeden einzelnen Menschen retten. Sei es in diesem oder in seinem nächsten Leben. Ich werde jeden wieder auf den guten Weg zurückführen.«

ICH LIEBE DICH

Hallo, mein liebes Wesen, wie geht es dir?

Geht es dir gut?

Schön ist es, wenn es einem gut geht.

Schön ist es, wenn die Sonne lacht und der Mond und die Wolken auch.

Schön ist es, wenn das Gras einem sachte ins Ohr flüstert, dass es ein jedes Wesen liebt.

Schön ist es, wenn man die frische Luft einatmet, die einen erfrischt.

Und der Atem spricht zu dir.

Er sagt Liebe, wenn du einatmest und Liebe, wenn du ausatmest.

Hast du das schon einmal gehört?

Hast du schon einmal das Lachen der Pflanzen gehört, die vergnügt auf dem Boden stehen und sich im Wind wiegen.

Das Wasser plätschert leise vor sich hin.
Es sagt, dass es dich liebt.
Es sagt, dass ich dich liebe.

Ich liebe dich.

So wie du bist, so sollst du sein.
Ein herrliches, gut aussehendes und wundervolles Wesen bist du.
Jeder ist ein solches Wesen.
Vergiss niemals, dass ich dich liebe und dass ich dich geschaffen habe, damit du glücklich bist, indem du Liebe nimmst und Liebe gibst.
Gut soll es dir gehen.
Glücklich sollst du sein.
Dein Herz birgt alles Glück dieser Welt.
Locke es aus deinem Herzen heraus.
Spüre das Glück, welches du schon immer haben wolltest.

Sprich: Gott liebt mich und ich liebe Gott.
Gott ist mein Vater und Gott schützt mich.
Gott ist meine Stärke und Gott ist mein Mut.
Er wird immer für mich sorgen und mich niemals im Stich lassen.
Er ist gekommen, weil er uns liebt.
Er wird uns helfen, ein glückliches und zufriedenes Leben führen zu können.

So erfreue dich an meiner Herrlichkeit.
Erfreue dich an ihr und genieße das Wissen, dass ich immer für dich da bin.
Für dich allein bin ich da.
Jeder hat mich ganz für sich.
Ich bin immer an deiner Seite.
Ich bin dein Vater.«

Kinder sprechen mit Gott

Ein sechsjähriges Mädchen unterhält sich mit dem Herrn.

Mädchen: »Hallo, bist du Gott?«

Shakimha: *»Ja, ich bin Gott.«*

Mädchen: »Warum hat Paul gesagt, es gibt Gott nicht?«

Shakimha: *»Paul hat es falsch gelernt.«*

Mädchen: »Warum hat Paul es falsch gelernt?«

Shakimha: *»Seine Lehrer kannten die Wahrheit nicht.«*

Mädchen: »Das sind dann aber keine guten Lehrer, wenn sie lügen.«

Shakimha: *»Sie lügen nicht, sie denken, sie sprechen die Wahrheit.«*

Mädchen: »Wenn jemand sagt, es gibt Gott nicht, dann lügt er. Weil, es gibt ihn nämlich doch. Er steht nämlich vor mir und ich rede mit Gott. Gott ist ganz lieb. Ich mag nicht, wenn die Lehrer lügen.«

Shakimha: *»Lügen heißt, man kennt die Wahrheit und spricht trotzdem die Unwahrheit.«*

Mädchen: »Das ist böse.«

Shakimha: *»Ja, das ist böse.«*

Mädchen: »Ich mag keine bösen Menschen, böse Menschen sind doof.«

Shakimha: *»Nein, es gibt keine Menschen, die doof sind.«*

Mädchen: »Außer Gott sind alle doof.«

Shakimha*: »Warum meinst du, dass alle Menschen doof sind außer mir?«*

Mädchen: »Du bist immer lieb. Egal, wann. Du bist der liebe Gott. Du machst immer nur Gutes. Aber die Menschen sind nicht so wie du. Sie klauen und lügen und betrügen. Einer aus meiner Klasse klaut immer. Das finde ich doof. Du klaust nichts.«

Shakimha: *»Es gehört sowieso alles mir. Es gibt nichts, was nicht mir gehört, deswegen könnte ich auch gar nichts klauen.«*

Mädchen: »Ach so, alles gehört dir. Warum sagt Paul, dass sein Brot ihm gehört und dass es keiner wegnehmen darf?«

Shakimha: *»Er hat es nicht besser gelernt.«*

Mädchen: »Da sind dann wieder die doofen Lehrer für verantwortlich. Was wissen die denn? Erst sagen die, es gibt dich nicht, und dann sagen die, was dir gehört, gehört ihnen. Paul sagt das auch, Paul hat keine Ahnung.«

Shakimha: *»Ja, die Lehrer wissen zu wenig über die wirklichen Zusammenhänge dieser Welt.«*

Mädchen: »Dann brauchen die Lehrer auch Lehrer.«

Shakimha: *»Ja, die Lehrer brauchen auch Lehrer.«*

Mädchen: »Warum gibt es böse Menschen?«

Shakimha: *»Die Menschen lassen sich von schlechten Dingen verführen, diese Dinge verunreinigen ihren Geist und so machen sie böse Dinge.«*

Mädchen: »Warum lässt du das zu?«

Shakimha: *»Die Menschen können selbst entscheiden, was sie tun oder was sie nicht tun. Ich sage ihnen immer über das Gewissen, was falsch ist und was richtig ist, aber sie hören nicht auf mich.«*

Mädchen: »Wenn man nicht auf Gott hört, ist man doof. Warum hast du so doofe Menschen geschaffen, dass sie so doof sind, dass sie nicht auf dich hören?«

Shakimha: *»Die Menschen sind sehr intelligent und haben sehr viel geleistet, aber es sind gerade die einfachen Dinge, die sie nicht erkennen.«*

Mädchen: »Das ist doch ganz einfach. Ich bin einfach zu allen Menschen nett und dann sind die Menschen auch zu mir nett.«

Shakimha: *»Genauso ist es. Wenn du lieb zu den Menschen bist, dann sind sie auch lieb zu dir.«*

Mädchen: »Und du passt immer auf mich auf, dass die bösen Menschen mir nichts tun?«

Shakimha: *»Ja, ich passe immer auf dich auf.«*

Mädchen: »Danke, Gott.«

Shakimha: *»Ich liebe dich so sehr, dass es für mich selbstverständlich ist, dich immer zu schützen.«*

Mädchen: »Warum gucken Menschen Filme, wo andere Menschen sich gegenseitig umbringen? Das macht doch keinen Spaß zu sehen, wie Menschen sich umbringen.«

Shakimha: *»Nein, das macht auch keinen Spaß. Aber die Menschen werden verführt, sich solche Filme anzusehen.«*

Mädchen: »Warum lassen sie sich verführen?«

Shakimha: *»In den Filmen tötet ein Mensch den anderen, indem er nur einen Schuss auf ihn abfeuert. Er hat also die Macht, ganz schnell ein Leben zu vernichten. Die Menschen mögen es, dieses zu sehen.«*

Mädchen: »Leben sollte erhalten werden und nicht zerstört werden.«

Shakimha: *»Du hast sehr viel gelernt für dein Alter. Warum weißt du so viel?»*

Mädchen: »Warum fragst du mich Dinge, die du sowieso schon weißt? Du weißt doch sowieso alles.«

Shakimha: *»Du bist ein sehr schlaues Mädchen. Ich spreche nicht mit dir, weil ich etwas von dir wissen möchte, ich spreche mit dir, um dir meine Liebe zu geben.«*

Mädchen: »Ach so. Das finde ich ganz lieb von dir.«

Shakimha: *»Du bist ein wundervoller Mensch. Geh hin zu deinen Eltern und sage ihnen, dass der Herr mit dir und deiner Erziehung sehr zufrieden ist.«*

Mädchen: »Danke, Gott, ich habe dich lieb. Hier ist es viel besser als in der Kirche.«

Shakimha: »*Ich segne dich und dein Leben, du bist auf einem guten Weg.*«

Ein Junge taucht plötzlich auf.
Junge: »Herr, was soll ich tun, mein Vater ist krank und wenn er nicht arbeiten kann, dann kann er unsere Familie nicht mehr ernähren.«

Shakimha: »*Guter Junge. Sorgst du dich um deinen Vater?*«

Junge: »Natürlich sorge ich mich um meinen Vater.«

Shakimha: »*Warum denn? Ich bin doch da, es gibt keinen Grund sich zu sorgen.*«

Junge: »Aber unser Haus ist eine halbe Stunde von hier entfernt.«

Shakimha: »*Entfernungen spielen für mich keine Rolle. Du bist hierher gekommen, um mich zu bitten dir zu helfen. Ich habe vor langer Zeit einmal gesagt, bittet, so wird euch gegeben. So gehe nun hin zu deinem Vater, er ist schon wieder gesund.*«

Eine Mutter kommt mit ihrem Kind. Sie hält ein fünfjähriges Mädchen an der Hand.

Shakimha: »*Hallo, liebe Arina, wie geht es dir?*«

Arina: »Mein Teddy ist weg.«

Shakimha: »*Warum ist dein Teddy weg?*«

Arina: »Ich habe ihn verloren. Letzte Woche habe ich ihn verloren. Ich habe schon überall nach ihm gesucht. Teddy ist bestimmt traurig ohne mich.«

Shakimha: *»Ich werde dir Teddy holen.«*

Shakimha macht einige Bewegungen mit seiner Hand und er hält den Teddy in den Händen.

Arina: »Teddy, da ist Teddy. Wo ist er nur gewesen? Wo hast du ihn hergeholt?«

Shakimha: *»Er lag unter einem Haufen Blätter am Straßenrand. Ich habe ihn für dich geholt.«*

Arina: »Danke, lieber Shakimha.«

Ein siebenjähriges Mädchen kommt zu Shakimha.

Shakimha: *»Hallo, Susanne, wie sind deine Leistungen in der Schule?«*

Susanne: »Nicht so gut, meine Eltern sind böse, weil ich keine guten Noten schreibe.«

Shakimha: *»Du bist ein lieber Mensch, das ist wichtiger als gute Noten in der Schule. Sag deinen Eltern, dass ich mit dir zufrieden bin.«*

Susanne geht zu ihren Eltern, sie erzählt kurz etwas und dann geht ihr Vater zu Shakimha.

Vater: »Oh Herr, warum sagst du ihr, dass du mit ihr zufrieden bist, obwohl sie schlechte Noten schreibt.«

Shakimha: *»Die einzigen wichtigen Noten auf dieser Welt sind die für den Charakter. Es gibt viele Menschen mit guten Noten, aber nur wenige mit einem guten Charakter. Also ist ein guter Charakter so viel wert, dass der Herr dann trotzdem* zufrieden ist, obwohl der Mensch in der Schule schlechte Noten erhält.«

Ein Junge kommt auf Shakimha zu.
Junge: »Bist du Jesus?«

Shakimha: *»Ja, ich bin Jesus.«*

Junge: »Du siehst aber gar nicht so aus wie Jesus.«

Shakimha: *»Ich habe auch einen anderen Körper, als den, den Jesus damals besaß. Aber ich bin der Vater von Jesus und ich bin Jesus. Beide waren eine Einheit und sie sind es heute noch.«*

Junge: »Warum bist du dann hier und nicht bei den Christen in Rom?«

Shakimha: *»Wenn die Menschen mich sehen wollen, dann müssen sie hierher kommen. Ich bin nicht nur für die Christen da, sondern für alle Menschen. Die christliche Kirche hat mich sehr häufig verleugnet. Sie warnen Menschen sogar davor, mir zu folgen.«*

Junge: »Gott ist hier und die Menschen wissen das nicht. Wie kann das sein?«

Shakimha: *»Ich bin schon seit 77 Jahren hier und sehr viele Menschen wissen nichts von meiner Existenz, aber es gibt viele Bücher über mich. Ich dränge mich den Menschen nicht auf. Wer meine Gnade erlangen möchte, der muss sich die Mühe machen, mich zu finden, und meine Lehre sehr genau durchleuchten. Er wird keine Fehler finden. Er wird erkennen, dass ich Gott bin. Die Menschen, die mich verleugnen, die haben eben nicht die Vorzüge, mich hier sehen zu können.«*

Junge: »Wirst du dich der Welt zeigen? Werden alle wissen, dass Gott hier ist?«

Shakimha: *»Ja, alle werden wissen, dass Gott hier ist. Ich werde mich bald zeigen.«*

Junge: »Was ist, wenn die Menschen dich umbringen wollen, genau so, wie sie Jesus umgebracht haben?«

Shakimha: *»Damals habe ich es gestattet, dass sie den Körper von Jesus umgebracht haben. Jesus selbst ist immer am Leben. Ich lasse mich nicht aufhalten. Was ich will, das geschieht. Keine Kraft kann mich davon abhalten, denn ich bin alle Kraft.«*

Eine 20-jährige Frau kommt weinend in Shakimhas Nähe.

Shakimha: *»Warum weinst du?«*

Frau: »Letzte Woche ist mein Mann gestorben, warum hast du das zugelassen?«

Shakimha: *»Manchmal müssen Menschen diese Erde verlassen und die Angehörigen dieser Personen können dieses nicht verstehen, sei dir sicher, alles geschah zu seinem Besten und zu deinem Besten.*
Es ist für euch schwer, von anderen Menschen Abschied zu nehmen, aber ihr müsst wissen, dass niemand stirbt. Die Seele wechselt nur nach einer bestimmten Zeit ihren Körper. Vieles, was ich lehre, klingt hart, aber die Welt hat Gesetze, die nur hart sind, wenn man ihren Inhalt nicht richtig verstehen kann. Vieles gibt es zu sagen, was ihr hören und was ihr lernen müsst. Jeder von euch wird die Zeit erhalten, zu lernen, was er lernen muss, um auf dieser Welt ein glückliches und geschütztes Leben zu führen. Ich bin gekommen, um eure Unwissenheit auszuräumen und ich werde dieses mit Erfolg tun.
Du wirst wieder heiraten und noch glücklicher sein als vorher.«

Für mich ist alles einfach

*L*ieber Jonas, ich werde jetzt eine meiner Ansprachen halten:

Verkörperungen der Liebe.

*Ich habe zwar eine menschliche Gestalt angenommen, aber ich
brauche euren Luxus nicht. Ihr seid darauf angewiesen, euch mit
vielen Luxusgütern euer Leben zu erleichtern. Ich brauche diese
Güter nicht.*

*Ihr möchtet immer, dass ich hier nicht auf dem harten Holzstuhl
sitze, sondern dass ich immer auf einem weichen und gut gepolster-
ten Kissen sitze. Ich spüre nicht, ob der Stuhl hart oder weich ist.*

*Ich weiß es wohl, wie er beschaffen ist, aber ich setze mich
nicht irgendwelchen Unannehmlichkeiten aus.*

*Viele von euch behaupten, die Welt sei so groß, dass es deshalb
keine Kraft geben könne, die alles zusammenhalten und die über
alles wachen könne. Woher wisst ihr, wie groß die Welt ist?*

*Eure wissenschaftlichen Instrumente sind nicht in der Lage
meine Herrlichkeit zu erfassen, die Welt aber ist ein Teil meiner
Herrlichkeit, ihr könnt ihren wahren Kern nicht mit euren In-
strumenten erfassen.*

*Ich kenne keine Anstrengung, ihr aber strengt euch an, weil ihr
nicht so lebt, wie ich es lehre. Lieber lebt ihr so, wie ihr es für richtig
haltet und ächzt dann unter den Schwierigkeiten, als dass ihr euch
an meine Lehren haltet und so ein beschwerdefreies Leben führt.*

*Ich leide nicht unter euren Taten, doch möchte ich, dass ihr
alle glücklich seid. Ich habe die Welt zu eurem Vergnügen erschaffen.*

*Ihr wählt aber den Weg des Leides, obwohl ihr wisst, was rich-
tig ist und was falsch ist, tut ihr trotzdem häufig das Falsche, das
macht keinen Sinn.*

In Wahrheit ist die ganze Welt nicht größer als ein Sandkorn.

Das ganze Universum ist ein Sandkorn, mit dem ich nach Belieben spielen kann.

Würde es eure Welt so oft geben, wie es auf der Welt Sandkörner gibt, so würde es mich dennoch keine Kraft kosten, alles gleichzeitig zu verwalten.

Ich bin die Realität, alles andere sind nur Spiegelungen meiner selbst.

Denkt ihr, nur weil mein Körper schon alt ist und ich mich langsam bewege, habe ich weniger Kraft? Ihr denkt in euren weltlichen Bahnen.

So seid ihr auch an das weltliche Wissen und dessen Kraft gebunden. Und was bringt euch dieses Wissen?

Praktisch überhaupt nichts.

Ihr könnt viele Dinge bauen und errichten, ihr könnt fliegen und tauchen, aber ihr könnt nicht ohne Hilfsmittel über Wasser laufen.

Ihr könnt nicht alle Krankheiten heilen, noch könnt ihr Gegenstände aus Luft erschaffen.

Ihr seid in einem Kreislauf gefangen, in dem ihr euch um euch selbst dreht und obwohl ihr euch selbst sucht, lauft ihr doch vor euch davon.

Jesus konnte ohne Probleme über das Wasser laufen. Warum konnte er das? Weil er sich meine Kraft zu Nutze gemacht hat. Mit meiner Kraft ist euch alles möglich.

Was nützt es euch, wenn ihr mich verleugnet und euch auf die Wissenschaft verlasst? Ein Wissenschaftler wird genauso sterben wie jeder andere auch, ganz egal, wie viel Wissen er besitzt. Denkt ihr, er könne sich durch sein Wissen schützen?

Wenn ich es möchte, dann wird ein Aidskranker sofort gesund und lebt noch weitere 50 Jahre und ein von euren Ärzten als komplett gesund befundener Mensch stirbt augenblicklich an einem Herzinfarkt.

Ob ihr es wollt oder nicht, ihr seid doch von mir abhängig. Euer Leben liegt in meiner Hand. Mit oder ohne Wissenschaft.

Wenn ich es wollte, könnte ich die Welt in einer Sekunde

auflösen. Ich könnte die ganze Galaxie auflösen und niemand würde sich erinnern, dass es euch jemals gegeben hat.

Ich bin nicht Gott, der in ein menschliches Wesen hineingeschlüpft ist und nun dessen begrenzte Fähigkeiten hat. Ich bin Gott, der durch ein menschliches Wesen wirkt, aber ich besitze weiterhin meine Allmacht.

Ich bin euer Schöpfer, ihr alle seid meine Schöpfung.

Die Wahrheit ist die, dass die ganze Welt ein Teil Gottes ist und ihr seid ebenfalls ein Teil von mir.

Also benehmt euch so, wie ich mich benehme und ihr werdet ein einfaches und glückliches Leben führen können.

Ich liebe euch aber so sehr, dass ich euch führen und leiten werde und dass ich euch helfen werde, ganz egal, welche Kämpfe ihr auf dieser Erde führen müsst. Ich lasse niemanden fallen, weder die Atheisten noch die Verbrecher, jeder wird den Weg zu seinem Glück finden.

Ich bin der Herrscher über diese Welt, nichts könnt ihr erhalten, wenn ich es nicht autorisiert habe.

Also löst euch von dem weltlichen Wissen und erlangt das Wissen, das euch helfen wird, endlich aus diesem Schmutz zu entkommen, der sich in euer Leben gedrängt hat.«

Dann sang Shakimha ein Lied.

Das Lied über die Herrlichkeit Gottes

Der Herr ist die herrlichste Herrlichkeit.
Keiner ist ihm gleich.
Keiner ist ihm gleich.
Der Herr ist unser aller Glück.
Keiner ist ihm gleich.
Keiner ist ihm gleich.
Es ist des Herrn Herrlichkeit, die uns erhellt, die uns belebt.

Es ist des Herrn Herrlichkeit, die uns erfreut, die uns belebt.
Die Liebe, die wir suchen, die gibt uns unser Herr.
Die Kraft, nach der wir uns sehnen, die gibt uns unser Herr.
Er ist uns nahe.
Er ist wie wir.

Wir sind seine Liebe, doch wir wissen es nicht.
Wir sind seine Liebe, doch wir leben nicht danach.
Wir müssen ihm immer vertrauen.
Wir müssen ihm immer vertrauen.
Er ist unsere Kraft und unsere Hoffnung.
Unser herrlicher Herr.
Unser herrlicher Herr.«

DER PRIESTER

*I*ch erzähle dir jetzt noch eine Geschichte, lieber Jonas. Es war einmal ein Priester, der arbeitete sehr viel für mich. Er opferte mir dreimal am Tag ein paar Blumen. Zweimal am Tag leitete er einen Gottesdienst. Er rezitierte heilige Weisheiten und las heilige Bücher.

Ich wollte testen, wie stark seine Anbindung an mich wirklich war. Also kam ich in Form eines Jungen in seinen Gottesdienst.

Nachdem er fertig war, ging ich zu ihm und beschimpfte ihn.

›Das ist doch alles Unsinn‹, beschimpfte ich ihn. ›Wie kannst du behaupten, Gott würde die bösen Menschen bestrafen? Alle Menschen wurden von Gott geschaffen, also gibt es keine bösen Menschen.‹

Der Priester war verärgert. Er mochte es nicht, wenn jemand seine Aussagen kritisierte.

›Wie kannst du, kleiner Junge, es wagen, mich belehren zu wollen?‹, schimpfte er zurück.

›Ich kenne die Wahrheit und ich werde sie immer und überall verkünden, ich habe keine Angst, wenn mich die Unwissenden beschimpfen‹, sprach ich in ruhigem Ton.

›Hinaus aus diesem Tempel‹, brüllte der Priester. ›Räudiger Bengel‹, rief er mir hinterher.

So geht es nicht, so geht es nicht. Der Priester hat viele Fehler gemacht.

Er darf unter keinen Umständen auf diese Art und Weise mit anderen Menschen umgehen.

Ich möchte keine Menschen, die nur lehren, aber ihre Lehre nicht leben.

Hände, die helfen, sind heiliger als Lippen, die beten. Der Priester hat mich aus dem Tempel gejagt. Der Priester hat Gott beschimpft und ihn aus dem Tempel gejagt.

Ihr sagt jetzt, er hat es aber nicht gewusst, dass Gott in Form eines Jungen vor ihm stand. Das hätte er aber wissen müssen. Jeder Mensch ist eine Form von mir.

Ich wohne in dem Herzen eines jeden Menschen. Alles, was ihr anderen Menschen antut, das tut ihr mir an und alles, was ihr ihnen Gutes tut, das tut ihr für mich.

Wenn ihr also jemanden beschimpft und ihn verjagt, dann tut ihr dieses mir an.

Jeder Mensch hat die Pflicht, jeden Menschen zu achten und ihn mit Respekt zu behandeln. Er hat die Denkweise eines jeden Menschen zu respektieren, auch wenn er sie nicht verstehen kann oder er sie für falsch oder sogar gefährlich hält.

Wenn euch jemand kritisiert, dann beschimpft ihn nicht. Versucht eure Fehler zu finden und freut euch, wenn andere euch darauf hinweisen. Findet eure Fehler und versucht sie zu reduzieren. Seid ein guter, aufrichtiger und liebevoller Mensch.

Wenn ihr so lebt, dann erhaltet ihr meine Gnade.

Das Beten und das Opfern von Rosenkränzen wird euch nicht helfen, meine Gnade zu erhalten, wenn ihr nicht mit einem reinen Herzen in eurem Leben allen Wesen mit Liebe begegnet.«

Das Gespräch endet

Shakimha: *»Jetzt ist unser Gespräch beendet.«*

Jonas: »Ich danke dir für dieses Gespräch, lieber Shakimha. Ich werde vielen Menschen von diesem Gespräch berichten.«

Shakimha: *»Jetzt werde ich noch zum Schluss dieses Gespräches einige Worte an die Welt richten.*

Liebe Menschen,
ich bin gekommen, um euch alle in ein neues Zeitalter zu führen.
Ich werde mein Ziel erreichen.
Vertraut mir.
Ich werde euch alle retten.

Euer euch liebender Vater«